俄罗斯

黑龙江省
Hēilóngjiāng Shěng

哈尔滨
Hā'ěrbīn

内蒙古自治区
Nèiměnggǔ Zìzhìqū

长春
Chángchūn

吉林省
Jílín Shěng

北京市
Běijīng Shì

辽宁省
Liáoníng Shěng

沈阳
Shěnyáng

集安
Jí'ān

呼和浩特
Hūhéhàotè

朝鲜

大同
Dàtóng

石家庄
Shíjiāzhuāng

天津市
Tiānjīn Shì

大连
Dàlián

渤海

东京
★

太原
Tàiyuán

河北省
Héběi Shěng

济南
Jǐnán

山西省
Shānxī Shěng

山东省
Shāndōng Shěng

韩国

运城
Yùnchéng

青岛
Qīngdǎo

▲泰山
Tàishān

黄海

曲阜
Qūfù

洛阳
Luòyáng

郑州
Zhèngzhōu

江苏省
Jiāngsū Shěng

河南省
Hénán Shěng

合肥
Héféi

扬州
Yángzhōu

苏州
Sūzhōu

湖北省
Húběi Shěng

武汉
Wǔhàn

安徽省
Ānhuī Shěng

南京
Nánjīng

上海市
Shànghǎi Shì

杭州
Hángzhōu

绍兴
Shàoxīng

东海

长沙
Chángshā

南昌
Nánchāng

浙江省
Zhèjiāng Shěng

湖南省
Húnán Shěng

江西省
Jiāngxī Shěng

福建省
Fújiàn Shěng

福州
Fúzhōu

台北
Táiběi

广东省
Guǎngdōng Shěng

厦门
Xiàmén

台湾
Táiwān

广州
Guǎngzhōu

深圳
Shēnzhèn

澳门
Àomén

香港
Xiānggǎng

海口
Hǎikǒu

南海

★ 首都
● 省都
□ 有名都市
ᓬᒲ 万里の長城

みんなとつながる中国語

ー 中国語初級テキスト ー

瀬戸口　律子　監修

石　川　薫　著
瀬戸口　勲

表紙・本文デザイン：die
本文イラスト：霜田　あゆ美

まえがき

　外国語の勉強には「面白い」という要素が必要です。中国語も同様で、初期の発音練習の段階で「面白い」と感じることがなければ、学習意欲そのものが冷めてしまいがちです。

　中国語は私たち日本人には親しみやすく、学び易い言語です。なぜなら漢字という共通の媒体があるからです。だからと言って、安易な気持ちで取り組むと、落とし穴に落ちて抜け出せないようなケースも珍しくありません。同じ漢字で異なる意味を有する単語もありますし、やはり基本的には中国語を外国語としてとらえることが肝要です。

　中国語の発音には日本語に存在しない音もあります。でも恐れることはありません。発音要領を理解して訓練を重ねれば、必ずクリアできます。そしてその壁を越えると、中国語はびっくりするほど上達します。本書の特徴は次の通りです。

１）発音の習得に力点を置く。
２）簡単な短い会話文を通して中国語の文法を学ぶ。
３）「読む」「書く」「話す」「聞く」の基本技能が自然と身につくような編集。
４）ノートは用意しなくても可。本文の訳は教科書に書き込む。
５）各課に練習を付し、復習の徹底を図る。

　中国語の勉強を、「面白い」からスタートして「楽しい」へ移行してもらうのが、本書の目的です。あせらずにゆっくりと、そのコースを辿ってください。

　本書の出版に際しては、駿河台出版社の井田会長、編集部長浅見氏にご尽力をいただきました。ここに記して感謝の意を表したいと思います。

2023 年晩秋
共著者

目　次

中国語の勉強をはじめる前に

❶ 中国語とは

　　中国語は世界の言語の中で、使用人口が最も多い言語です。中国では中国語を"汉语 Hànyǔ"と呼びますが、これは漢民族の言語という意味です。55を数える少数民族にもそれぞれ固有の言語が存在しますが、総人口の約93%を占める漢民族に使用される漢語が中国を代表する言語ということになります。

　　しかしながら広大な中国では、漢語そのものにも多くの方言が含まれます。漢語方言は通常北方方言（華北、華中、西南地方の一部）、呉方言（江蘇、浙江）、湘方言（湖南）、贛方言（江西）、客家方言（広東、広西、福建、江西などに分布）、粤方言（広東）、閩方言（福建、台湾）の七つに分けます。これらの方言には語彙・語法の面でもそれぞれ異なった特色がありますが、中でも音声の違いが最も顕著で複雑です。そこで全国的に通じる共通語、つまり"普通话 pǔtōnghuà"が1955年に制定され、普及推進され、今日に至っています。この"普通话"こそ私たちが学ぶ中国語であり、それは次のように規定されています。

　　　発音：北京語の発音を標準音とする。

　　　語彙：北方方言の語彙を基礎とする。

　　　文法：模範的な現代口語文の著作を規範とする。

❷ 簡体字

　　中国では1949年以降、教育の普及をはかるため、漢字の簡略化を推進してきました。この簡略化された漢字、つまり「簡体字」（簡化字）が今では正字です。古くから民間で使用されていた俗字が簡体字の多くを占め、1964年に公布された「簡化字総表」の2,236字が現在使用されています。

(1) 繁体字との比較

　（イ）へん・つくりを簡略化したもの

　　　　　語（語）　欢（歡）　笔（筆）　汉（漢）　场（場）

　　　　　们（們）　进（進）　阳（陽）　亿（億）　权（権）

　（ロ）もとの一部を残したもの

　　　　　习（習）　气（氣）　电（電）　开（開）　术（術）

　　　　　产（産）　飞（飛）　务（務）　业（業）　乡（郷）

　その他、长（長）のように草書体を採用したものや、面（麺）、谷（穀）、里（裏）等
のように同音字を借りたもの、书（書）、头（頭）、义（義）、乐（樂）等のように字形を
変えたものもあります。

(2) 当用漢字との比較

　当用漢字：**辺　風　角　対　団　単　浅　両　車　愛**

　簡 体 字：**边　风　角　对　团　单　浅　两　车　爱**

❸ ピンイン
拼音

　中国語の発音表記には"**拼音**"（ローマ字つづり）が使われます。正式名称は"汉语拼
音方案"（Hànyǔ pīnyīn fāng'àn）と呼ばれ、1958 年 2 月に制定、その後、全国に公布
されました。

　"**拼音**"はローマ字と声調記号によって正しい読み方を示す方法です。ローマ字つづり
はあくまでも中国語の発音を示すために作成されたものです。私たちが中国語の発音を
学ぶためには、まず"**拼音**"のつづり方と読み方を理解し、しっかり覚えることが不可
欠となります。又、発音表記には"**拼音**"の他、台湾で使われている"注音字母"、"ウ
ェード式ローマ字""国際音标"等があります。

① 声調 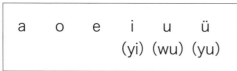 🎵 01

中国語には、どの音節にも一定の声調があり、これを四声といいます。

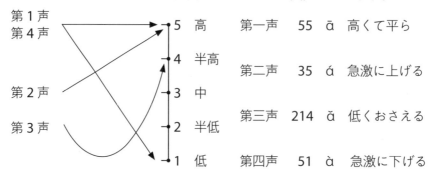

第一声	55	ā 高くて平ら
第二声	35	á 急激に上げる
第三声	214	ǎ 低くおさえる
第四声	51	à 急激に下げる

● 声調記号をつけるところ

声調記号は、それぞれの音節の母音の上につけます。母音が2つ以上ある時には、はっきりと発音される主母音（中心をなす母音）の上につけますが、その決定には次のようなルールがあります。

1. a を優先する
   zài huā māo jiàn miáo
2. a のないときは e、o に
   xiè fēi guó shǒu
3. i、u が並んだときは後方を優先する
   niú jiǔ duì huì

※母音 i に声調符号をつける時には上の点をとって、dì、mǐ、yǐ のようにつける。

② 母音（韻母）1

単母音（基本母音） 🎵 02

```
a    o    e    i    u    ü
              (yi) (wu) (yu)
```

※（　）内は単独で音節をなす時のつづり方。

a [a]

日本語のアより口を
大きく開く。

o [o]

日本語のオより口の
形を丸くする。

e [ɤ]

日本語のエの口の形
をしてのどの奥から
ウを発音する。

i [i]

日本語のイよりも唇
を左右に引く。

u [u]

日本語のウよりも唇
を丸くすぼめる。

ü [y]

u を発音する唇の形
をしてイを発音する。

そり舌母音（基本母音）

er   03

er [ɚ]

口をあまり開かずにあいま
いにアを発音しながら舌の
先を上にそらして発音する。

〔練習〕 ♫ 04

a −	ā	á	ǎ	à
o −	ō	ó	ǒ	ò
e −	ē	é	ě	è
i −	yī	yí	yǐ	yì
u −	wū	wú	wǔ	wù
ü −	yū	yú	yǔ	yù
er −	ēr	ér	ěr	èr

③ 複合母音（複韻母）2 🎲🎲

複韻母（複合母音）の三つのタイプ

(1) 強＋弱 ♬ 05

ai   ei   ao   ou

(2) 弱＋強 ♬ 06

ia (ya)   ie (ye)   ua (wa)   uo (wo)   üe (yue)

(3) 弱＋強＋弱 ♬ 07

iao (yao)   iou (you)   uai (wai)   uei (wei)

※（ ）内は単独で読まれる時のつづり方。

※ iou、uei の発音は、主母音の o、e がはっきり聞こえないことがある。前に子音
　がある時には jiou → jiǔ（酒）、huei → huì（会）のように、o や e を省略してつ
　づる。

〔练习〕 ♬ 08

ai —	āi	ái	ǎi	ài
ei —	ēi	éi	ěi	èi
ao —	āo	áo	ǎo	ào
ou —	ōu	óu	ǒu	òu
ia —	yā	yá	yǎ	yà
ie —	yē	yé	yě	yè
iao —	yāo	yáo	yǎo	yào
iou —	yōu	yóu	yǒu	yòu
ua —	wā	wá	wǎ	wà
uo —	wō	wó	wǒ	wò
uai —	wāi	wái	wǎi	wài
uei —	wēi	wéi	wěi	wèi
üe —	yuē	yué	yuě	yuè

4 鼻母音（-n、-ng を伴う母音） 🎵 09

| an | en | ang | eng | ong | 🎵 09 |

n [n]

前鼻音（-n）は舌の先を上
の歯ぐきの裏側につけて発
音する。
アンナイ（案内）のアンの
要領で発音する。

ng [ŋ]

奥鼻音（-ng）は舌の後部
を奥に引いて、息を鼻から
ぬくように発音する。
アンガイ（案外）のアンの
要領で発音する。

🎵 10

an ang	en eng	in (yin) ing (ying)	ian (yan) iang (yang)
uan (wan) uang (wang)	uen (wen) ※ ueng (weng)		
üan (yuan)	ün (yun)	ong	iong (yong)

※ uen の前に子音がある時は e を省略してつづる。cuen → cūn（村）
※ ong は必ず前に子音がつく。dōng（东）

〔练习〕

(1) an － ang 🎵 11

bān（班）－ bàng（棒）
dàn（蛋）－ dāng（当）
fàn（饭）－ fǎng（访）

(2) en － eng 🎵 12

pén（盆）－ péng（朋）
fēn（分）－ fēng（风）
rén（人）－ rēng（扔）

(3) in － ing 🎵 13

bīn（宾）－ bìng（病）
qīn（亲）－ qǐng（请）
xīn（新）－ xìng（幸）

(4) ian － iang 🎵 14

niàn（念）－ niáng（娘）
liàn（练）－ liǎng（两）
xiān（先）－ xiǎng（想）

⑤ 韻母表（母音表） 🎵 15

介音	単韻母			複韻母				鼻韻母				
	a	o	e	ai	ei	ao	ou	an	en	ang	eng	ong
i (yi)	ia (ya)		ie (ye)			iao (yao)	iou (you)	ian (yan)	in (yin)	iang (yang)	ing (ying)	iong (yong)
u (wu)	ua (wa)	uo (wo)		uai (wai)	uei (wei)			uan (wan)	uen (wen)	uang (wang)	ueng (weng)	
ü (yu)			üe (yue)					üan (yuan)	ün (yun)			

（　）内は前に子音がつかない時の表記。

⑥ 中国語音節構造 🎵 16

　　中国語の音節は「声母」と「韻母」からなっています。声母とは頭につく子音のことで、韻母とは声母を除く残りをいい、母音が含まれます。韻母は「介音」、「主母音」、「尾音」の三つに分けられますが、その全体に声調がかぶさって一つの音節が構成されています。

音　節	声　母 （頭子音）	韻　母			声　調	意　味
		介　音	主母音	尾　音		
① chá　茶	ch	—	a	—	´	茶
② hǎo　好	h	—	a	o	ˇ	よい
③ piào　票	p	i	a	o	`	キップ
④ wǒ　我	—	u	o	—	ˇ	わたし
⑤ ài　爱	—	—	a	i	`	～が好きだ
⑥ shān　山	sh	—	a	n	ˉ	山
⑦ hé　河	h		e		´	かわ

7 子音（声母）1 🎵17

(1) b (o)　　(2) p (o)　　(3) m (o)　　(4) f (o)　　(5) d (e)　　(6) t (e)

(7) n (e)　　(8) l (e)　　(9) g (e)　　(10) k (e)　　(11) h (e)

b [p]　p [p‘]

(1) 準備　　　　(2) 息をたくわえる　　(3) 発音┌無気音 b
　　　　　　　　　　　　　　　　　　　　　└有気音 p

b [p]　　唇を閉じて、口いっぱいに息をたくわえてから、いきなり唇をひらき、息をそっと送り出して発音する。無気音。

p [p‘]　　b [p] と同じ要領で、息を一気にはき出す。有気音。

m [m]

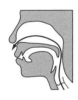　唇をかたく閉じて、息が鼻にぬけるようにして発音する。日本語のマ行の音に近い。

〔练习〕 🎵18

bā　（八）　　bái　（白）　　bǐ　（笔）　　bào　（报）

pāi　（拍）　　pén　（盆）　　pǎo　（跑）　　piào　（票）

māo（猫）　　máng（忙）　　mǐ　（米）　　mò　（墨）

f [f]

上の前歯で下唇をかるく押
さえ、その間を摩擦させな
がら息を送り出し、「フー」
と発音する。英語のｆとほ
ぼ同じ。

〔練習〕 🎵 19

fēi （飞） fó （佛） fǎ （法） fàn （饭）

d [t]　t [t‘]

(1) 準備　　　　　(2) 息をたくわえる　　　(3) 発音┬無気音 d
　　　　　　　　　　　　　　　　　　　　　　　　　└有気音 t

d [t]　舌の先を上の歯茎につけ、息をたくわえてから、急に離し、息をころすようにし
　　　　て発音する。無気音。

t [t‘]　d [t] と同じ要領で、息を一気に吐き出す。有気音。

n [n]

舌の先を上の歯茎につけ、
息を鼻にぬくようにして発
音する。日本語のナ行の音
とだいたい同じ。

l [l]

舌の先を上の歯茎につけ、
息が舌の両側から流れ出る
ようにして発音する。日本
語のラ行の音よりいくらか
やわらかい感じ。

〔练习〕 🎵 20

dōu	（都）	dí	（笛）	diǎn	（点）	dà	（大）
tā	（他，她）	táo	（桃）	tǔ	（土）	tòng	（痛）
niē	（捏）	nán	（难）	nǐ	（你）	niàn	（念）
lā	（拉）	lái	（来）	lǎo	（老）	lèi	（累）

g [k]　k [kʻ]

(1) 準備　　　　　(2) 息をたくわえる　　(3) 発音┬無気音 g
　　　　　　　　　　　　　　　　　　　　　　└有気音 k

g [k]　舌の後部をうわあごにいったん押しつけてから、急に離し、息を抑えるようにして発音する。無気音。

k [kʻ]　g [k] と同じ要領で、息を一気に吐き出す。有気音。

h [x]

 舌の後部をうわあごに近づけ、その間を摩擦させながら息を送り出して発音する。日本語のハ行の音よりも荒々しい感じ。

〔练习〕 🎵 21

gāo	（高）	guó	（国）	gěi	（给）	guì	（贵）
kāi	（开）	káng	（扛）	kǔ	（苦）	kàn	（看）
hē	（喝）	hóng	（红）	hǎi	（海）	hàn	（汗）

(12) j (i)　　(13) q (i)　　(14) x (i)　　(15) zh (i)　　(16) ch (i)
(17) sh (i)　　(18) r (i)　　(19) z (i)　　(20) c (i)　　(21) s (i)

j [tɕ]　q [tɕʻ]

(1) 準備　　　　　　(2) 息をたくわえる　　　(3) 発音─無気音 j
　　　　　　　　　　　　　　　　　　　　　　　　　有気音 q

j [tɕ]　舌面の前の方をうわあごにつけ、舌先を下の歯の裏側にあて、息をころすように
　　　　して発音する。無気音。

q [tɕʻ]　j [tɕ] と同じ要領で、息を強く吐き出す。有気音。

x [ɕ]

　舌面の前の方をうわあごに
　　　　　　　　　　近づけ、その間を摩擦させ
　　　　　　　　　　ながら息を出す。

（練習）♩23

jiā　（家）　　jí　（级）　　jiǎng（讲）　　jiù　（旧）
qī　（七）　　qián（钱）　　qǔ　（娶）　　què（雀）
xī　（吸）　　xián（咸）　　xiě　（写）　　xì　（戏）

zh [tʂ]　ch [tʂʻ]

(1) 準備　　　　　　(2) 息をたくわえる　　　(3) 発音┬無気音 zh
　　　　　　　　　　　　　　　　　　　　　　　　└有気音 ch

zh [tʂ]　舌先を立て、うわあごに押しつけ、息をころすようにして、舌先とうわあごの
　　　　　間から送り出す。無気音。

ch [tʂʻ]　zh [tʂ] と同じ要領で息を一気に強く送り出す。有気音。

sh [ʂ]

舌先を立て、うわあごに近
づける。息を舌先とうわあ
ごとのすき間から出して発
音する。

r [ʐ]

舌先を sh より少し奥にひ
いて、喉の奥の方から声を
出すような気持ちで発音す
る。

〔練習〕　🎵24

zhōng	（中）	zhá	（炸）	zhǐ	（纸）	zhào	（照）
chī	（吃）	chá	（茶）	chǎo	（炒）	chàng	（唱）
shū	（书）	shí	（石）	shǒu	（手）	shù	（树）
rēng	（扔）	rén	（人）	ruǎn	（软）	rì	（日）

z [ts]　c [ts']

(1) 準備　　　　(2) 息をたくわえる　　　(3) 発音┬無気音 z
　　　　　　　　　　　　　　　　　　　　　　└有気音 c

z [ts]　舌先を上歯のうらに押しつけ、息を舌先と歯との間から送り出す。無気音。
c [ts']　z [ts] と同じ要領で一気に強く送り出す。有気音。

s [s]

 舌先を上歯のうらに近づ
け、舌先と上歯との間から
摩擦しながら息を出して発
音する。

〔練习〕 🎵 25

zī　（资）　zá　（杂）　zǎo　（早）　zài　　（再）
cā　（擦）　cái　（才）　cǎo　（草）　cài　　（菜）
sōng（松）　sú　（俗）　sǎn　（伞）　suàn　（蒜）

※有気音と無気音 🎵26

b — p	b (o) — p (o)	ban — pan	bang — pang
d — t	d (e) — t (e)	dan — tan	dang — tang
g — k	g (e) — k (e)	gan — kan	gang — kang
j — q	j (i) — q (i)	jian — qian	jiang — qiang
zh — ch	zh (i) — ch (i)	zhan — chan	zhang — chang
z — c	z (i) — c (i)	zan — can	zang — cang

⑨ 声母表（21 の子音） 🎵27

調音場所 ＼ 発音方法	破裂音		破擦音		摩擦音	鼻音	側面音
	無気	有気	無気	有気			
両 唇 音	b (o)	p (o)				m (o)	
唇 歯 音					f (o)		
舌 尖 音	d (e)	t (e)				n (e)	l (e)
舌 根 音	g (e)	k (e)			h (e)		
舌 面 音			j (i)	q (i)	x (i)		
そり舌音			zh (i)	ch (i)	sh (i)　r (i)		
舌 歯 音			z (i)	c (i)	s (i)		

⑩ 拼音のつづり方

(1) i の 3 つの違い

    ji　qi　xi〔i〕（唇を左右に引いて、鋭いイ）

    zhi　chi　shi　ri……〔ʅ〕（舌をそらして、こもったイ）

    zi　ci　si…………〔ɿ〕（唇を左右に引いて、ひらたいウ）

(2) e の音価

    e　子音＋e　en　eng　er……あいまいな〔ə〕（や〔ɤ〕）

    ie　üe　ei……はっきりした〔e〕（や〔ɛ〕）

(3) 消える o と e

    iou と uei が子音と結合すると、それぞれ o, e が消え、まん中の母音が弱くなる。
但し、第三声の時は比較的はっきり聞こえる。

    d＋iou→diū（丢）　　l＋iou→liù（六）　　j＋iou→jiǔ（九）

    d＋uei→duì（对）　　t＋uei→tuǐ（腿）　　h＋uei→huì（会）

    uen が子音に続くとまん中の母音 e が弱くなる。

    d＋uen→dùn 顿　　g＋uen→gùn 棍　　h＋uen→hūn 昏

(4) ian (yan)

    i と n にはさまれた a は、ほぼ日本語の「エ」、i と ng にはさまれた a は、ほぼ日本語の「ヤ」。

    jian　qian　xian　yan　↔　jiang　qiang　xiang　yang

(5) jqx の後の ü はすべて ‥（ウムライト）をとってつづる。

    j＋ü→jù（句）　　q＋ü→qù（去）　　x＋ü→xū（需）

(6) 隔音符号（かくおんふごう）

　a、o、e で始まる音節が他の音節の後に続く時には、前の音節との区切りをはっきり示すために、隔音符号「'」を用いる。

　pí'ǎo（皮袄）

　Xī'ān（西安）

　míng'é（名额）

　kě'ài（可爱）

　běi'ōu huáxuě（北欧滑雪）

⑪ 声調の変化

第三声の変化

(1) 第三声＋第三声 → 第二声＋第三声　🎵 28

　nǐ hǎo（你好）→ ní hǎo

　yǒuhǎo（友好）→ yóuhǎo

　shǒubiǎo（手表）→ shóubiǎo

(2) 第三声＋ $\begin{matrix} 第一声 \\ 第二声 \\ 第四声 \\ 軽声 \end{matrix}$ → 半三声＋ $\begin{matrix} 第一声 \\ 第二声 \\ 第四声 \\ 軽声 \end{matrix}$　🎵 29

　Běijīng（北京）　lǎoshī（老师）　lǐtáng（礼堂）　Fǎguó（法国）

　kǒushì（口试）　nǔlì（努力）

　wǒmen（我们）　yǎnjing（眼睛）

(3) 特殊なもの

① 第三声＋"子"（軽声）→ 半三声＋"子"（軽声）　🎵 30

　jiǎozi（饺子）　yǐzi（椅子）

② 親族の呼称で第三声＋第三声という形になった場合　🎵 31

　nǎinai（奶奶）　lǎolao（姥姥）

軽声 🎵 32

中国語には固定された声調（四声）がありますが、単語又は文中で軽く、短く発音されるのが軽声です。軽声はそれ自体に決まった高さがなく、前の音節によって高さが決定されます。

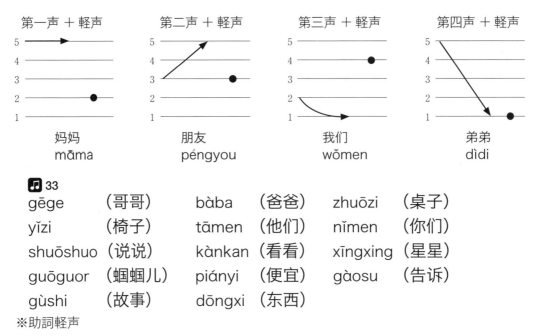

第一声 ＋ 軽声	第二声 ＋ 軽声	第三声 ＋ 軽声	第四声 ＋ 軽声
妈妈 māma	朋友 péngyou	我们 wǒmen	弟弟 dìdi

🎵 33

gēge	（哥哥）	bàba	（爸爸）	zhuōzi	（桌子）
yǐzi	（椅子）	tāmen	（他们）	nǐmen	（你们）
shuōshuo	（说说）	kànkan	（看看）	xīngxing	（星星）
guōguor	（蝈蝈儿）	piányi	（便宜）	gàosu	（告诉）
gùshi	（故事）	dōngxi	（东西）		

※助詞軽声

吗 (ma)、呢 (ne)、吧 (ba)、呀 (ya)、啊 (a)、的 (de)、地 (de)、得 (de)、了 (le)、过 (guo)、着 (zhe)

"一（yī）・不（bù）"の変化

1）"一（yī）"の変化 🎵 34

①yī ＋第四声→ **yí** ＋第四声（四声から転化した軽声も含む。"一个"の"个"のようなもの）

　yī jiàn （一件）→ yí jiàn

　yī wàn （一万）→ yí wàn

②yī ＋第一声・第二声・第三声→ **yì**（第四声）に変化。

　　　　第一声　　　　第一声

　・yī ＋第二声 → **yì** ＋第二声 🎵 35

　　　　第三声　　　　第三声

　yī bēi （一杯）→ yì bēi　　yī nián （一年）→ yì nián

　yī bǎi （一百）→ yì bǎi

③かさね型の動詞の中間にある場合は軽声に変化。🎵 36

　děngyideng （等一等）　　wènyiwen （问一问）

④ "一" が序数の場合は変化しない。 🎵 37

   dì yī kè（第一课）   yī yuè（一月）

２）"不（bù）" の変化 🎵 38

①第四声の前では二声（bú）に変化。

   bù shì（不是）→ bú shì   bù qù（不去）→ bú qù
   bù duì（不对）→ bú duì   bù yào（不要）→ bú yào

②単語の中間にある場合は軽声に変化。 🎵 39

   kàn bu kàn（看不看）   xíng bu xíng（行不行）

   ※第一声、第二声、第三声の前では本調のままで変化しない。 🎵 40

   bù gāo（不高）   bù tīng（不听）   bù máng（不忙）
   bù lái（不来）   bù hǎo（不好）   bù lěng（不冷）

⑫ 儿化

   そり舌母音 "儿"（er）は単独で音節を形成する他に、ある音節の韻尾について、前の音節の韻母と結合して一つの音節をつくります。これを "儿化韵"（アル化音）と言います。"儿化" すると一般に「小さい」「かわいい」というようなニュアンスがあり、北京語の中にそれが多く用いられます。また "儿化" には意味や品詞を区別する働きもあります。
   "儿化" した場合、元来の音節の韻尾に変化が生じます。

(1) 変化しない。（a、o、e、u の後ではそのまま儿化する） 🎵 41

   huār（花儿）   táor（桃儿）   gēr（歌儿）   tùr（兔儿）

(2) n の脱落。（n をおとして儿化する） 🎵 42

   wánr（玩儿）→ wár
   yìdiǎnr（一点儿）→ yìdiǎr

(3) i の脱落。（i をおとして儿化する） 🎵 43

   cír   （词儿）   cér
   gàir   （盖儿）   gàr
   shìr   （事儿）   shèr
   guǒzhīr（果汁儿）guǒzhēr

(4) 鼻音化する。（ng で終わるときは主母音を鼻音化する） 🎵 44

    diànyǐngr （电影儿）

    yǒu kòngr （有空儿）

    xìnfēngr （信封儿）

⓭ 声調の組合せ練習 🎵 45

(1) 第1声＋／第1声・第2声・第3声・第4声・軽声／

    fēijī(飞机)　gāngqín(钢琴)　cāochǎng(操场)　yīnyuè(音乐)　gūniang(姑娘)

(2) 第2声＋／第1声・第2声・第3声・第4声・軽声／

    chábēi(茶杯)　xuéxí(学习)　niúnǎi(牛奶)　zázhì(杂志)　péngyou(朋友)

(3) 第3声＋／第1声・第2声・第3声・第4声・軽声／

    guǎngbō(广播)　hǎorén(好人)　yǒuhǎo(友好)　qǐngkè(请客)　xǐhuan(喜欢)

(4) 第4声＋／第1声・第2声・第3声・第4声・軽声／

    kètīng(客厅)　lùnwén(论文)　bàozhǐ(报纸)　diànshì(电视)　gùshi(故事)

主な標点符号（句読点）

。	句号 (jùhào)	文の終わり。
，	逗号 (dòuhào)	文中の区切り。
、	顿号 (dùnhào)	文中の単語・連語の並列。
；	分号 (fēnhào)	節と節とを並列。
：	冒号 (màohào)	文を提示する。
？	问号 (wènhào)	疑問文や反語文の終わり。
！	感叹号 (gǎntànhào)	強い感嘆を示す。
" " ' '	引号 (yǐnhào)	引用を示す。
《 》〈 〉	书名号 (shūmínghào)	書名・論文名を示す。

你们 早！
Nǐmen zǎo!
みなさんおはよう！

♬ 46

（一）
学　生：您　好！
　　　　Nín　hǎo!

老　师：你　好！
　　　　Nǐ　hǎo!

（二）
老　师：你们　早！
　　　　Nǐmen　zǎo!

学生们：老师　早！
　　　　Lǎoshī　zǎo!

日本語訳を書いてみましょう。

（一）
学　　生：＿＿＿＿＿＿＿＿＿＿＿＿＿＿＿＿＿＿＿＿＿＿＿＿＿

先　　生：＿＿＿＿＿＿＿＿＿＿＿＿＿＿＿＿＿＿＿＿＿＿＿＿＿

（二）
先　　生：＿＿＿＿＿＿＿＿＿＿＿＿＿＿＿＿＿＿＿＿＿＿＿＿＿

学生たち：＿＿＿＿＿＿＿＿＿＿＿＿＿＿＿＿＿＿＿＿＿＿＿＿＿

♬ 47

生词

您　好！nín hǎo!：こんにちは "您" は "你"
　　　　　　　　　の敬称。

你　好！nǐ hǎo!：こんにちは "你好" は、1
　　　　　　　　　日中使用できるあいさつ
　　　　　　　　　用語。

你们 nǐmen：代 あなたたち、君たち
学生 xuésheng：名 学生、生徒
老师 lǎoshī：名 先生
早 zǎo：形 早い（時間が）

① 人称代名詞

	単数	複数
第1人称	我 wǒ	我们 wǒmen
第2人称	你 nǐ（您 nín）	你们 nǐmen
第3人称	他（她）tā（它 tā）	他（她）们 tāmen（它们 tāmen）
人称疑問詞	谁 shéi（shuí）	

② あいさつ ♫48

你 好！　　こんにちは
Nǐ hǎo!

回头 见！　のちほど会いましょう
Huítóu jiàn!

明天 见！　明日会いましょう
Míngtiān jiàn!

早上 好！　おはようございます
zǎoshang hǎo!

晚上 好！　こんばんは
Wǎnshang hǎo!

你们 好！　みなさんこんにちは
Nǐmen hǎo!

晚 安！　おやすみなさい
Wǎn ˈ ān!

老师 好！　先生こんにちは
Lǎoshī hǎo!

再见！　さようなら
Zàijiàn!

拜拜！　バイバイ（"再见" の意味、若者の間でよく使用される。）
Báibái!

③ 数の数え方 ♫49

一 yī　二 èr　三 sān　四 sì　五 wǔ　六 liù　七 qī　八 bā　九 jiǔ　十 shí

十一 shí yī　十二 shí'èr　十三 shí sān　十四 shí sì　十九 shí jiǔ　二十 èrshí

二十一 èrshiyī　二十二 èrshí'èr　九十九 jiǔshijiǔ　一百 yì bǎi　一百零一 yì bǎi líng yī

一百一（一百一十）yì bǎi yī（yì bǎi yì shí）　一千 yì qiān　两千 liǎng qiān

一万 yí wàn　一亿（一万万）yí yì（yí wànwàn）

1) 次のピンインを繰り返し発音し、漢字に直しなさい。

    (1) Nǐmen hǎo!   _____

    (2) Nǐ hǎo!   _____

    (3) Lǎoshī hǎo!   _____

    (4) Míngtiān jiàn!   _____

    (5) Zǎoshang hǎo!   _____

2) 次の①〜⑤の意味を書きなさい。

    ① 你们 好!（   ）

    ② 晚安!   （   ）

    ③ 再见!   （   ）

    ④ 晚上 好!（   ）

    ⑤ 回头 见!（   ）

※品詞について

名名詞　　動動詞　　助動助動詞（＝能愿动词）　　形形容詞　　数数詞

助数助数詞（＝量词）　　代代名詞（＝代词）　　副副詞　　助助詞

前前置詞（＝介词）　　接接続詞（＝连词）　　感感嘆詞（＝叹词）

我 是 日本人。
Wǒ　shì　Rìběnrén.
私は日本人です。

A：你　是　日本人　吗？
　　Nǐ　shì　Rìběnrén　ma?

B：是，我　是　日本人。
　　Shì，wǒ　shì　　Rìběnrén.

A：你　的　老师　是　哪　国　人。
　　Nǐ　de　lǎoshī　shì　nǎ　guó　rén.

B：他　是　中国人。
　　Tā　shì　Zhōngguórén.

日本語訳を書いてみましょう。

A：＿＿＿＿＿＿＿＿＿＿＿＿＿＿＿＿＿＿＿＿＿＿＿＿

B：＿＿＿＿＿＿＿＿＿＿＿＿＿＿＿＿＿＿＿＿＿＿＿＿

A：＿＿＿＿＿＿＿＿＿＿＿＿＿＿＿＿＿＿＿＿＿＿＿＿

B：＿＿＿＿＿＿＿＿＿＿＿＿＿＿＿＿＿＿＿＿＿＿＿＿

 51

生词

我 wǒ：[代] 私、僕（第１課参照）
是 shì：[動] ～だ、～である（第５課参照）
日本人 Rìběnrén：[名] 日本人

的 de：[助] ～の（所有・所属を表す）
哪 nǎ：[代] どの "哪国"（どの国）
中国人 Zhōngguórén：[名] 中国人

❶ 指示代名詞 ◻◻◻

		単数	複数
近称	これ	这 zhè　这个 (zhège, zhèige)	这些 zhèxiē
遠称	それ・あれ	那 nà　那个 (nàge, nèige)	那些 nàxiē
疑問	どれ	哪 nǎ　哪个 (nǎge, něige)	哪些 nǎxiē

※"这个", "那个", "哪个" は "这一个", "那一个", "哪一个" の縮めた言い方で、話し
　言葉ではよく zhèige, / nèige / něige と発音される。これが目的語になるときは "这"/"那"
　ではなく、"这个"/"那个" を使う。

例）我要这个。私はこれが欲しい。(SVO の形)

　　　Wǒ yào zhège.

　　　要 動要する、欲しい。

❷ "是" を用いる文 ◻◻◻

┌─────────────────┐ ♩52
│ 主語＋**是**＋名詞 │
│ 主語＋**不是**＋名詞 │
└─────────────────┘

他 是 老师。
Tā　shì　lǎoshī.

他 也 是 美国人.
Tā　yě　shì　Měiguórén.

这 是 手机。
Zhè　shì　shǒujī.

他们 不 是 留学生。
Tāmen　bú　shì　liúxuéshēng.

我们 都 是 学生。　　　　　我们 都 不 是 学生。
Wǒmen　dōu　shì　xuésheng.　　Wǒmen　dōu　bú　shì　xuésheng.

```
主語＋是＋名詞＋吗？
主語＋是不是＋名詞？
主語＋是＋名詞＋不是？
```
♪ 53

你 是 日本人 吗　　　　　　　—是， 我 是 日本人。(本文)
Nǐ shì Rìběnrén ma　　　　　　Shì, wǒ shì Rìběnrén.

① 那 是 钢笔 吗？　　　　　　—是，那 是 钢笔。
　Nà shì gāngbǐ ma?　　　　　　　Shì, nà shì gāngbǐ.

　　　　　　　　　　　　　　　不 是，那 不 是 钢笔。
　　　　　　　　　　　　　　　Bú shì, nà bú shì gāngbǐ.

② 这些 是 不 是 报？　　　　　—是，这些 是 报。
　Zhèxiē shì bu shì bào?　　　　　Shì, zhèxiē shì bào.

　　　　　　　　　　　　　　　不 是，这些 不 是 报。
　　　　　　　　　　　　　　　Bú shì, zhèxiē bú shì bào.

③ 这 是 课本 不 是？　　　　　—是，这 是 课本。
　Zhè shì kèběn bú shì?　　　　　Shì, zhè shì kèběn.

　　　　　　　　　　　　　　　不 是，这 不 是 课本。
　　　　　　　　　　　　　　　Bú shì, zhè bú shì kèběn.

3 "的" について ♪ 54

　助詞の "的" は所有、所属を表すときに用いられます。

(1) 我 的 课本　　　她 的 词典　　　他 的 书包
　　wǒ de kèběn　　　tā de cídiǎn　　　tā de shūbāo

(2) 我 妈妈　　　我们 老师　　　她们 学校
　　wǒ māma　　　wǒmen lǎoshī　　　tāmen xuéxiào

※家族、知人、所属団体の場合は通常 "的" を加えません。

(3) 这个 皮包 是 她 的。
　　Zhège píbāo shì tā de.

　　这些 杂志 不 是 图书馆 的。
　　Zhèxiē zázhì bú shì túshūguǎn de.

※ "的" の後の名詞の省略。

> 主語＋**是**＋疑問代名詞？

这 是 什么？　　　—这 是 圆珠笔。
Zhè shì shénme?　　Zhè shì yuánzhūbǐ.

他 是 谁？　　　　—(他) 是 我 朋友。
Tā shì shéi?　　　(Tā) shì wǒ péngyou.

※名前の言い方

您 贵姓？　　　　　—我 姓 小林。
Nín guìxìng?　　　Wǒ xìng Xiǎolín.

名字 叫 什么？　　—名字 叫 和子。
Míngzi jiào shénme?　　Míngzi jiào Hézǐ.

你 叫 什么 名字？　—我 叫 小林 和子。
Nǐ jiào shénme míngzi?　　Wǒ jiào Xiǎolín Hézǐ.

1) 次のピンインを繰り返し発音し、漢字に直しなさい。

    (1) Wǒ shì Rìběnrén.   _____

    (2) Nǐ de lǎoshī shì nǎ guó rén?   _____

    (3) Tā shì Zhōngguórén.   _____

    (4) Tā yě shì Měiguórén.   _____

    (5) Wǒmen dōu bú shì xuésheng.   _____

2) 次の問いに中国語で自由に答えなさい。

    (1) 你是日本人吗?   _____

    (2) 这些是不是报?   _____

    (3) 他们是不是留学生?   _____

    (4) 那是钢笔吗?   _____

    (5) 这是课本不是?   _____

3) 次の①〜⑤の意味を書きなさい。

    ① 他的书包   (   )

    ② 她们学校   (   )

    ③ 什么   (   )

    ④ 我的课本   (   )

    ⑤ 老师的词典 (   )

小知识 ❶
—— 中国人の姓 ——

①李 Lǐ　　②王 Wáng　　③张 Zhāng　　④刘 Liú　　⑤陈 Chén

⑥黄 Huáng　　⑦杨 Yáng　　⑧周 Zhōu　　⑨高 Gāo　　⑩吴 Wú

⑪孙 Sūn　　⑫林 Lín　　⑬沈 Shěn　　⑭毛 Máo　　⑮邓 Dèng

⑯于 Yú　　⑰徐 Xú　　⑱马 Mǎ　　⑲胡 Hú　　⑳郑 Zhèng

㉑汪 Wāng　　㉒董 Dǒng　　㉓赵 Zhào　　㉔蒋 Jiǎng　　㉕魏 Wèi

㉖郭 Guō　　㉗鲁 Lǔ　　㉘许 Xǔ　　㉙欧阳 Ōuyáng　　㉚司马 Sīmǎ

你 好 吗？
Nǐ hǎo ma?
お元気ですか？

♫ 56

A：好久 没 见，你 好 吗？
　　Hǎojiǔ méi jiàn, nǐ hǎo ma?

B：很 好，你 呢？
　　Hěn hǎo, nǐ ne?

A：我 也 很 好，你 家人 都 好 吗？
　　Wǒ yě hěn hǎo, nǐ jiārén dōu hǎo ma?

B：谢谢！（我）家人 都 很 好。
　　Xièxie! (Wǒ) jiārén dōu hěn hǎo.

日本語訳を書いてみましょう。

A：_____
B：_____
A：_____
B：_____

♫ 57

生词

好久 hǎojiǔ：形（時間が長い）
　　〈好久 没 见〉hǎojiǔ méi jiàn お
　　久しぶりです。しばらく（あい
　　さつ）
　　〈好久 不 见〉hǎojiǔ bú jiàn と
　　もいう。
你 好 吗？nǐ hǎo ma? 元気ですかの意味。
"吗" は疑問を表す助詞。
很 hěn：副 とても、非常に
　　"很" は形容詞の前において程度が
　　高いことを表すときと、あまり意
　　味を持たない場合がある。"很 好"
　　hěn hǎo（良い、素晴らしい）ここ
　　では「元気です」の意味。

也 yě：副 〜も
家人 jiārén：名 家族
都 dōu：副 すべて、みな
呢 ne：助 〜は（述語省略の疑問）
谢谢 xièxie：ありがとう（お礼のことば）（第
　　　　　14 課参照）

❶ 形容詞述語文 🎵 58

中国語の文は「主語＋述語」から構成されますが、形容詞が述語になる文を「形容詞述語文」といいます。これは人や事物の性質・状態について説明します。

> 主語＋述語（形容詞）
> 主語＋**不**＋述語（形容詞）
> 主語＋述語（形容詞）＋**吗**？
> 主語＋形容詞＋**不**＋形容詞？

老师 忙。
Lǎoshī máng.

她 高。
Tā gāo.

苹果 很 甜。
Píngguǒ hěn tián.

我 不 忙。
Wǒ bù máng.

教室 不 大。
Jiàoshì bú dà.

你 好 吗？（本文）
Nǐ hǎo ma?

学生 多 吗？
Xuésheng duō ma?

—多，学生 多。/ 不 多，学生 不 多。
Duō, xuésheng duō.　Bù duō, xuésheng bù duō.

西瓜 大 吗？
Xīguā dà ma?

—大，西瓜 大。/ 不 大，西瓜 不 大。
Dà, xīguā dà.　Bú dà, xīguā bú dà.

桔子 酸 不 酸？
Júzi suān bu suān?

—酸，桔子 酸。/ 不 酸，桔子 不 酸。
Suān, júzi suān.　Bù suān, júzi bù suān.

※よく使用される形容詞

大 dà （　　　）	小 xiǎo （　　　）		（　　　）
多 duō （　　　）	少 shǎo （　　　）		（　　　）
新 xīn （　　　）	旧 jiù （　　　）		（　　　）
难 nán （　　　）	容易 róngyì （　　　）		（　　　）
高 gāo （　　　）	低 dī（矮 ǎi）（　　　）		（　　　）
长 cháng （　　　）	短 duǎn （　　　）		（　　　）
热 rè （　　　）	冷 lěng （　　　）		（　　　）
暖和 nuǎnhuo （　　　）	凉快 liángkuai （　　　）		（　　　）
贵 guì （　　　）	便宜 piányi （　　　）		（　　　）
近 jìn （　　　）	远 yuǎn （　　　）		（　　　）
早 zǎo （　　　）	晚 wǎn （　　　）		（　　　）
快 kuài （　　　）	慢 màn （　　　）		（　　　）

1) 次のピンインを繰り返し発音し、漢字に直しなさい。

(1) Nǐ hǎo ma? _____

(2) Wǒ yě hěn hǎo, nǐ jiārén dōu hǎo ma?

_____

(3) Píngguǒ hěn tián. _____

(4) Xièxie! Wǒ jiārén dōu hěn hǎo. _____

(5) Xīguā dà ma? _____

2) 次の問いに中国語で自由に答えなさい。

(1) 老师忙吗? _____

(2) 学生多吗? _____

(3) 桔子酸不酸? _____

(4) 西瓜大不大? _____

(5) 她高吗? _____

3) 次の①～⑤の意味を書きなさい。

① 旧 ( )

② 难 ( )

③ 晚 ( )

④ 冷 ( )

⑤ 贵 ( )

你们 吃 什么？
Nǐmen chī shénme?

あなたたちは何を食べますか？

A：你们 吃 什么？
　　Nǐmen chī shénme?

B：要 二十 个 水饺 和 一 碗 豆腐汤。
　　Yào èrshí ge shuǐjiǎo hé yì wǎn dòufutāng.

A：好 的，要 什么 饮料？
　　Hǎo de, yào shénme yǐnliào?

B：要 一 杯 生啤 和 一 瓶 可乐。
　　Yào yì bēi shēngpí hé yì píng kělè.

日本語訳を書いてみましょう。

A：
B：
A：
B：

🎵60

生词

吃 chī：動 食べる

什么 shénme：代 なに、どんな

要 yào：動 要る、欲しい

个 ge：助数 広く用いられる助数詞。人、または1個、2個と数えるものに使う。〈一个苹果〉（りんご1個）

好 的 hǎo de：同意を表す。よろしい、いいとも、そうしよう。

和 hé：接 〜と、および（第6課、第15課参照）

杯 bēi：助数 コップに入った状態のものを数える。〈一杯茶〉（一杯のお茶）

生啤 shēngpí：名 生ビール〈啤酒〉（ビール）

瓶 píng：助数 瓶に入っているものを数える。〈一瓶日本酒〉（一本の日本酒）

可乐 kělè：名 コーラ〈可口可乐〉（コカ・コーラ）

① 動詞述語文 🎵61

　動詞が述語を構成している動詞述語文は、「～は～する」「～は～をする」のように動作・行為を叙述する文で、よく使われます。

```
主語＋動詞
主語＋動詞＋目的語
主語＋不＋動詞
主語＋不＋動詞＋目的語
```

学生们　念。
Xuéshengmen niàn.

她们　来。
Tāmen lái.

他们　看　电视。
Tāmen kàn diànshì.

老师　写　字。
Lǎoshī xiě zì.

我们　不　去。
Wǒmen bú qù.

他　不　买　书。
Tā bù mǎi shū.

她们　不　唱　歌。
Tāmen bú chàng gē.

```
主語＋動詞＋目的語＋吗？
主語＋動詞＋不＋動詞＋目的語？
```

你们　听　音乐　吗？
Nǐmen tīng yīnyuè ma?

—听，我们　听　音乐。
　Tīng, wǒmen tīng yīnyuè.

—不　听，我们　不　听　音乐。
　Bù tīng, wǒmen bù tīng yīnyuè.

她　喝　不　喝　咖啡？
Tā hē bu hē kāfēi?

—喝，她　喝　咖啡。
　Hē, tā hē kāfēi.

—不　喝，她　不　喝　咖啡。
　Bù hē, tā bù hē kāfēi.

你 喜欢 运动 吗？
Nǐ xǐhuan yùndòng ma?

—喜欢, 我 喜欢 运动。
　Xǐhuan, wǒ xǐhuan yùndòng.

—不 喜欢, 我 不 喜欢 运动。
　Bù xǐhuan, wǒ bù xǐhuan yùndòng.

② 疑問詞疑問文（2） 🎵 62

你们 吃 什么？（本文）
Nǐmen chī shénme?

你 买 什么？　　　　　—我 买 相机。
Nǐ mǎi shénme?　　　　　Wǒ mǎi xiàngjī.

　　　　　　　　　　　—我 买 水果。
　　　　　　　　　　　　Wǒ mǎi shuǐguǒ.

你 去 哪儿？　　　　　—我 去 百货 商店。
Nǐ qù nǎr?　　　　　　Wǒ qù bǎihuò shāngdiàn.

　　　　　　　　　　　—我 去 学校。
　　　　　　　　　　　　Wǒ qù xuéxiào.

③ "和" について 🎵 63

你 和 我
nǐ hé wǒ

老师 和 学生
lǎoshī hé xuésheng

这个 和 那个
zhège hé nàge

桌子 和 椅子
zhuōzi hé yǐzi

墨 和 墨水
mò hé mòshuǐ

课本 和 杂志
kèběn hé zázhì

北京 和 上海
Běijīng hé Shànghǎi

东京 和 大阪
Dōngjīng hé Dàbǎn

④ 動詞（他動詞）＋目的語 🎵64

吃 日本菜	喝 红茶	抽 烟（＝吸烟）	骑 自行车	写 信
chī Rìběncài	hē hóngchá	chōu yān	qí zìxíngchē	xiě xìn

坐 电车	包 饺子	穿 衣服	念 课文	打 电话
zuò diànchē	bāo jiǎozi	chuān yīfu	niàn kèwén	dǎ diànhuà

看 电影	说 中文	写 日记	听 音乐	吃 药
kàn diànyǐng	shuō Zhōngwén	xiě rìjì	tīng yīnyuè	chī yào

※**自動詞**

游泳	睡觉	出发	失败
yóuyǒng	shuìjiào	chūfā	shībài

"中国菜"（中国料理）について

中国四大名菜

山东菜：味が比較的うすいのが特徴。"脱骨扒鸡"（済南一帯のトリ料理）、"清汤燕"（澄ましスープに燕の巣を配したもので、ふつう、前菜の次に出す料理）等。

江浙菜：上海のほか、杭州、揚州、蘇州等、昔から繁栄した地域の料理。見た目も鮮やかで料理法も洗練されている。"西湖醋鱼"（西湖の魚を揚げて酢や砂糖等で味付けしたもの）。"扬州炒饭"（五目チャーハンのようなもの）は家庭料理として親しまれている。

四川菜：成都、重慶を中心とした四川地域の料理。"麻"（サンショウの辛み）"辣"（唐辛子の辛み）を使った料理が多い。四川は「天府の国」と呼ばれ、古くから生活が安定し、物産が豊富なため、料理法も発達したと言われる。"棒棒鸡"（芝麻醤、醤油、ラー油などの調味料をかけまぜたもの）、家庭料理として"麻婆豆腐"（マーボー豆腐）は有名。

广东菜：「食は広州にあり」と言われるぐらい、その材料は、犬・猫・蛇・猿等野生動物に及んでいるが、中でも蛇料理は有名。一方、野菜を使った料理も多く、味付けに工夫がこらされており、その名は世界的にも知られている。"烤乳猪"（子豚の丸焼き）、"古老肉"（酢豚）などは人気がある。

"早点"（朝食）のいろいろ

馒头
mántou

油条
yóutiáo

烧饼
shāobing

肉包子
ròubāozi

油饼
yóubing

甜豆浆
tián dòujiāng

粥
Zhōu

酸奶
suān nǎi

牛奶
niúnǎi

面包
miànbāo

1) 次のピンインを繰り返し発音し、漢字に直しなさい。

    (1)   Nǐmen chī shénme?   _____

    (2)   Yào yìbēi shēngpí hé yì píng kělè.   _____

    (3)   Tā bù mǎi shū.   _____

    (4)   Tāmen kàn diànshì.   _____

    (5)   Yào shénme yǐnliào?   _____

2) 次の問いに中国語で自由に答えなさい。

    (1)   你买什么?   _____

    (2)   你去哪儿?   _____

    (3)   她喝不喝咖啡?   _____

    (4)   你们听音乐吗?   _____

    (5)   你喜欢运动吗?   _____

3) 次の①〜⑤の意味を書きなさい。

    ① 写 信   (   )

    ② 包 饺子   (   )

    ③ 打 电话   (   )

    ④ 骑 自行车   (   )

    ⑤ 坐 电车   (   )

小知识 ⓫
—— 間違いやすいことば ——

① 去 qù　行く
② 走 zǒu　歩く、出かける
③ 跑 pǎo　走る
④ 写 xiě　書く
⑤ 汤 tāng　スープ
⑥ 床 chuáng　ベッド
⑦ 牙 yá　歯
⑧ 饼 bǐng　小麦粉をこねて平たく焼いたもの
⑨ 丈夫 zhàngfu　夫
⑩ 老婆 lǎopo　女房、家内
⑪ 娘 niáng　母親
⑫ 猪 zhū　豚
⑬ 报 bào　新聞
⑭ 新闻 xīnwén　ニュース
⑮ 信 xìn　手紙
⑯ 大家 dàjiā　みんな
⑰ 外人 wàirén　他人、第三者
⑱ 手纸 shǒuzhǐ　ちり紙、ティッシュ
⑲ 汽车 qìchē　自動車
⑳ 房东 fángdōng　大家、屋主
㉑ 开水 kāishuǐ　湯
㉒ 爱人 àiren　夫または妻
㉓ 勉强 miǎnqiǎng　無理に強いる
㉔ 短气 duǎnqì　自信がない
㉕ 小米 xiǎomǐ　粟

第 5 課　今天 几 月 几 号？

Jīntiān　jǐ　yuè　jǐ　hào?

今日は何月何日ですか？

🎵 65

A：今天 几 月 几 号？
　　Jīntiān　jǐ　yuè　jǐ　hào?

B：(今天) 三 月 二 号。
　　(Jīntiān)　sān　yuè　èr　hào.

A：明天 三 月 三 号，星期天。
　　Míngtiān　sān　yuè　sān　hào,　xīngqītiān.

B：太 好 了！明天 是 桃花节。
　　Tài　hǎo　le!　Míngtiān　shì　táohuājié.

日本語訳を書いてみましょう。

A：_____

B：_____

A：_____

B：_____

🎵 66

生词

今天 jīntiān：名 今日

几 jǐ：代 いくつ、いくら〈几月几号〉(何月何日)

明天 míngtiān：名 明日

星期天 xīngqītiān（＝星期日）：名 日曜日

太 tài：副 すごく、たいへん、とても〈太好了〉(たいへんすばらしい)(第 13 課参照)

是 shì：動（第 2 課参照）

桃花节 táohuājié：名 桃の節句〈女儿节〉ともいう。

❶ 名詞述語文 🎵 67

　述語が名詞、名詞フレーズ、数量詞からできている文をいいます。述語は出身、年齢、天候、時間、価格などに限定され、"是"は通常省略されます。

> 主語＋名詞　　主語＋数量詞

今天 三 月 三 号。
Jīntiān sān yuè sān hào.

老师 北京人。
Lǎoshī Běijīngrén.

妹妹 十八 岁。
Mèimei shíbā suì.

明天 晴天。
Míngtiān qíngtiān.

今天 几 月 几 号？（本文）
Jīntiān jǐ yuè jǐ hào?

身高 多少？
Shēngāo duōshao?

今天 星期 几？
Jīntiān xīngqī jǐ?

　否定文には"是"は必要で、"不是～"となります。

今天 不 是 节日。
Jīntiān bú shì jiérì.

他们 不 是 上海人。
Tāmen bú shì Shànghǎirén.

❷ 年月日、曜日の言い方 🎵 68

(1) 年月日

年：一九四五 年　　一九九四 年　　二〇〇八 年　　二〇二〇 年
　　yījiǔsìwǔ nián　yījiǔjiǔsì nián　èrlínglíngbā nián　èrlíngèrlíng nián

月：一月　　二月　　三月　　四月　　五月　　六月　　七月　　八月
　　yīyuè　èryuè　sānyuè　sìyuè　wǔyuè　liùyuè　qīyuè　bāyuè

九月　　十月　　十一月　　十二月
jiǔyuè　shíyuè　shíyīyuè　shí'èryuè

日：一号　　二号　　三号　　四号　　⋯⋯⋯⋯　十号　　十一号
　　yīhào　　èrhào　　sānhào　　sìhào　　　　　　　shíhào　　shíyīhào

　　三十号　　三十一号
　　sānshíhào　sānshíyīhào

(2) 曜日

星期一　星期二　星期三　星期四　星期五　星期六　星期天（星期日）
xīngqīyī　xīngqī'èr　xīngqīsān　xīngqīsì　xīngqīwǔ　xīngqīliù　xīngqītiān (xīngqīrì)

这个　星期（本星期）　上（个）星期　下（个）星期
zhège　xīngqī (běn xīngqī)　shàng (ge) xīngqī　xià (ge) xīngqī

上（个）月　　这（个）月　　（本月）　　下（个）月
shàng (ge) yuè　　zhè (ge) yuè　　(běnyuè)　　xià (ge) yuè

前天　昨天　今天　明天　后天
qiántiān　zuótiān　jīntiān　míngtiān　hòutiān

前年　去年　今年　明年　后年
qiánnián　qùnián　jīnnián　míngnián　hòunián

③ 時刻の表し方　🎵69

"点"(diǎn)　　"分"(fēn)　　"秒"(miǎo)

3：00　三　点

3：05　三　点　五　分（三　点　零　五　分）
　　　　　　　　　　　　　　　　líng

3：15　三　点　一　刻（三　点　十　五　分）
　　　　　　　　kè

3：30　三　点　半（三　点　三　十　分）
　　　　　　　bàn

3：45　三　点　三　刻（三　点　四　十　五　分）

3：55　差　五　分　四　点（三　点　五　十　五　分）
　　　　Chà

早上　上午　中午　下午　晚上
zǎoshang　shàngwǔ　zhōngwǔ　xiàwǔ　wǎnshang

※対話レッスン

现在　几　点？　　　—现在　八　点　半。
Xiànzài　jǐ　diǎn?　　　Xiànzài　bā　diǎn　bàn。

几　点　下课？　　　—下午　四　点　三　刻　下课。
Jǐ　diǎn　xiàkè?　　　Xiàwǔ　sì　diǎn　sān　kè　xiàkè.

1) 次のピンインを繰り返し発音し、漢字に直しなさい。

    (1)　Jīntiān jǐ yuè jǐ hào?　＿＿＿＿＿＿＿＿＿＿＿＿＿＿＿

    (2)　Míngtiān sān yuè sān hào, xīngqītiān.

                      ＿＿＿＿＿＿＿＿＿＿＿＿＿＿＿

    (3)　Xiànzài jǐ diǎn?　＿＿＿＿＿＿＿＿＿＿＿＿＿＿＿

    (4)　Tāmen bú shì Shànghǎirén.　＿＿＿＿＿＿＿＿＿＿＿＿＿＿＿

    (5)　Lǎoshī Běijīngrén.　＿＿＿＿＿＿＿＿＿＿＿＿＿＿＿

2) 次の問いに中国語で自由に答えなさい。

    (1)　今天星期几?　＿＿＿＿＿＿＿＿＿＿＿＿＿＿＿

    (2)　你多大?　＿＿＿＿＿＿＿＿＿＿＿＿＿＿＿

    (3)　现在几点?　＿＿＿＿＿＿＿＿＿＿＿＿＿＿＿

    (4)　明天桃花节吗?　＿＿＿＿＿＿＿＿＿＿＿＿＿＿＿

    (5)　老师上海人吗?　＿＿＿＿＿＿＿＿＿＿＿＿＿＿＿
    ※ "多大" は "多大岁数" と同じ意味で、何歳か尋ねるときに使う。

3) 次の①〜⑤の意味を書きなさい。

    ①　节日　（　　　　　　　　　　）

    ②　晴天　（　　　　　　　　　　）

    ③　星期天（　　　　　　　　　　）

    ④　后天　（　　　　　　　　　　）

    ⑤　下星期（　　　　　　　　　　）

小 知 识 Ⅲ
── 中国の祝祭日 ──

阳历（新暦）

1月1日	元旦
3月8日	三八婦女節
5月1日	国際労働節
5月4日	中国青年節
6月1日	国際児童節
7月1日	中国共産党記念日
8月1日	中国人民解放軍建軍節
9月10日	教師節
10月1日	国慶節

阴历（旧暦）

正月元日　初二　初三	（春節・旧正月）
十五	元宵節・灯節（1月15日の伝統的な節句）
四月四日	清明節（墓参り、二十四節気の一つ）
五月初五	端午節
七月初七	七夕
七月十五	中元節
八月十五	中秋節
九月初九	重陽節
十二月初八	腊八〈腊八粥〉（12月8日に食べるかゆ）

第 6 課　你 家 有 几 口 人 ？

Nǐ jiā yǒu jǐ kǒu rén?

あなたは何人家族ですか？

🎵 70

A : 你 家 有 几 口 人 ？
　　Nǐ jiā yǒu jǐ kǒu rén?

B : （我 家）共 有 五 口 人，奶奶、爸爸、妈妈、弟弟 和 我。
　　（Wǒ jiā）gòng yǒu wǔ kǒu rén, nǎinai, bàba, māma, dìdi hé wǒ.

A : 你 没有 哥哥 吗？
　　Nǐ méiyou gēge ma?

B : 没有，只有 一 个 弟弟。
　　Méiyou, zhǐyǒu yí ge dìdi.

日本語訳を書いてみましょう。

A : ＿＿＿＿＿＿＿＿＿＿＿＿＿＿＿＿＿＿＿＿＿＿＿＿＿＿＿＿＿

B : ＿＿＿＿＿＿＿＿＿＿＿＿＿＿＿＿＿＿＿＿＿＿＿＿＿＿＿＿＿

A : ＿＿＿＿＿＿＿＿＿＿＿＿＿＿＿＿＿＿＿＿＿＿＿＿＿＿＿＿＿

B : ＿＿＿＿＿＿＿＿＿＿＿＿＿＿＿＿＿＿＿＿＿＿＿＿＿＿＿＿＿

🎵 71

生词

有 yǒu：動 （…が）ある、（…をもっている）
　　　　⇔没（有）
几 jǐ：代 （第5課参照）
口 kǒu：助数 人数を数える時とか、家畜を
　　　　数える時に使用。〈三口猪〉（3匹
　　　　の豚）
共 gòng：副 合わせて、全部で＝一共
　　　　（yígòng）

奶奶 nǎinai：名 父方の祖母
爸爸 bàba：名 父＝父亲（fùqin）
妈妈 māma：名 母＝母亲（mǔqin）
弟弟 dìdi：名 弟
和 hé：接 （第4課、第15課参照）
只有 zhǐyǒu：接 ただ～だけが～だ

① "有" を用いる文（1）　🎵 72

動詞述語文の一つで、ここでは「所有」（〜は（が）〜を持っている、〜は（が）〜がいる）を表す用法です。

```
主語＋有＋（限定語＋）目的語
    没有
```

我们 有 电脑。
Wǒmen yǒu diànnǎo.

她 有 弟弟。
Tā yǒu dìdi.

老师 有 中文 词典。
Lǎoshī yǒu Zhōngwén cídiǎn.

她 有 两 张 电影票。
Tā yǒu liǎng zhāng diànyǐngpiào.

我 没有 妹妹。
Wǒ méiyou mèimei.

他 没有 智能 手机。
Tā méiyou zhìnéng shǒujī.

我 没有 中国 地图。
Wǒ méiyou Zhōngguó dìtú.

```
主語＋有＋（限定語＋）目的語＋吗？
主語＋有・没有＋（限定語＋）目的語？
```

你 有 笔 吗？　　　—有，我 有 笔。
Nǐ yǒu bǐ ma?　　　　Yǒu, wǒ yǒu bǐ.

　　　　　　　　　—没有，我 没有 笔。
　　　　　　　　　　Méiyou, wǒ méiyou bǐ.

她 有 没有 姐姐？　—有，她 有 姐姐。
Tā yǒu méiyou jiějie?　Yǒu, tā yǒu jiějie.

　　　　　　　　　—没有，她 没有 姐姐。
　　　　　　　　　　Méiyou, tā méiyou jiějie.

你 家 有 几 口 人？（本文）
Nǐ jiā yǒu jǐ kǒu rén?

我 家 有 五 口 人。
Wǒ jiā yǒu wǔ kǒu rén.

② "几" と "多少"

疑問代名詞の "几 jǐ" と "多少 duōshao" は意味は同じですが、用法に区別があります。"几" は 10 ぐらいまでの数をたずねるときに用いられ、"多少" は数が多くても少なくてもどんな数にでも用いることができます。"几" の後は助数詞（量詞）が必要ですが、"多少" にはそのような制限はありません。

③ よく使われる名量詞 🎵 73

（数詞＋量詞＋名詞）

本 běn	一 本 书 yì běn shū	两 本 杂志 liǎng běn zázhì
枝 zhī	一 枝 铅笔 yì zhī qiānbǐ	三 枝 圆珠笔 sān zhī yuánzhūbǐ
张 zhāng	四 张 纸 sì zhāng zhǐ	一 张 桌子 yì zhāng zhuōzi
个 ge	一 个 学生 yí ge xuésheng	三 个 梨子 sān ge lízi
把 bǎ	一 把 伞 yì bǎ sǎn	两 把 椅子 liǎng bǎ yǐzi
辆 liàng	一 辆 汽车 yí liàng qìchē	三 辆 自行车 sān liàng zìxíngchē
架 jià	三 架 相机 sān jià xiàngjī	一 架 飞机 yí jià fēijī
条 tiáo	一 条 毛巾 yì tiáo máojīn	三 条 领带 sān tiáo lǐngdài
块 kuài	三 块 蛋糕 sān kuài dàngāo	两 块 肥皂 liǎng kuài féizào
双 shuāng	一 双 鞋 yì shuāng xié	三 双 筷子 sān shuāng kuàizi
杯 bēi	一 杯 茶 yì bēi chá	三 杯 咖啡 sān bēi kāfēi
件 jiàn	一 件 大衣 yí jiàn dàyī	两 件 衣服 liǎng jiàn yīfu
只 zhī	三 只 猫 sān zhī māo	一 只 兔子 yì zhī tùzi
封 fēng	一 封 信 yì fēng xìn	
棵 kē	一 棵 树 yì kē shù	

親 族 呼 称

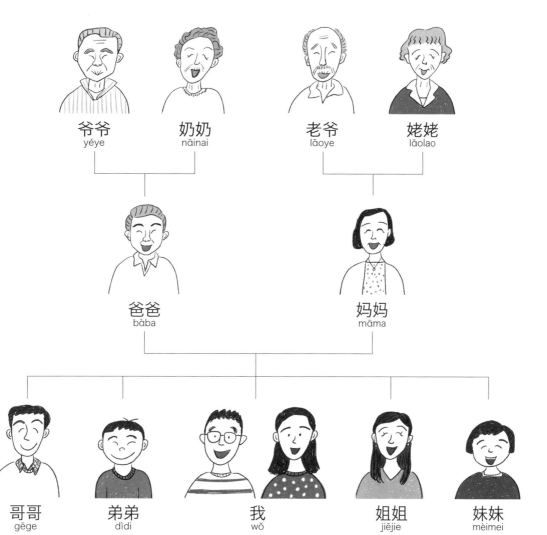

爷爷
yéye

奶奶
nǎinai

老爷
lǎoye

姥姥
lǎolao

爸爸
bàba

妈妈
māma

哥哥
gēge

弟弟
dìdi

我
wǒ

姐姐
jiějie

妹妹
mèimei

1) 次のピンインを繰り返し発音し、漢字に直しなさい。

    (1) Nǐ jiā yǒu jǐ kǒu rén?   _____

    (2) Méiyou, zhǐyǒu yí ge gēge.   _____

    (3) Wǒ méiyou Zhōngguó dìtú.   _____

    (4) Nǐ yǒu bǐ ma?   _____

    (5) Wǒmen yǒu diànnǎo.   _____

2) 次の問いに中国語で自由に答えなさい。

    (1) 你没有哥哥吗?   _____

    (2) 她有没有姐姐?   _____

    (3) 老师有中文词典吗?   _____

    (4) 你家共有几口人?   _____

    (5) 他有没有奶奶?   _____

3) 次の①〜⑤の意味を書きなさい。

    ① 电影票   (   )

    ② 领带   (   )

    ③ 智能手机   (   )

    ④ 圆珠笔   (   )

    ⑤ 飞机   (   )

我 昨天 买了一 张 足球票。
Wǒ zuótiān mǎile yì zhāng zúqiúpiào.
私は昨日サッカーのチケットを1枚買いました。

♪ 75

A : 我 昨天 买了 一 张 足球票，你 买 了 吗？
Wǒ zuótiān mǎile yì zhāng zúqiúpiào, nǐ mǎi le ma?

B : 还 没 呢。我 想 买 足球票 和 棒球票。
Hái méi ne. Wǒ xiǎng mǎi zúqiúpiào hé bàngqiúpiào.

A : 你 早点儿 去 吧。
Nǐ zǎodiǎnr qù ba.

B : 我 还 要 看看 新 书。
Wǒ hái yào kànkan xīn shū.

日本語訳を書いてみましょう。

| A : |
| B : |
| A : |
| B : |

♪ 76

生词

昨天 zuótiān：名 昨日
买 mǎi：動 買う⇔卖（売る）
了 le：助 ポイント参照
还 hái：副 さらに、まだ〈还没～呢〉（ま
　　だ～していませんよ）
想 xiǎng：助動 ～したい、～したいと思う、
　　希望する
　　動 考える、思い出す、（…する）
　　と思う

足球 zúqiú：名 サッカー〈足球票〉サッカー
　　のチケット
早点儿 zǎodiǎnr：副 早めに＝早点
要 yào：助動 ～したい、～するつもりだ（第
　　15課参照）
　　動 要る、求める
看看 kànkan：動 ちょっと見る（動詞"看"
　　のかさね型）
新 xīn：形 新しい⇔旧 jiù

動作の「完了・実現」を表す時には、動詞の後に"了"（アスペクト助詞）をつけます。

> 主語＋動詞＋**了**＋数量詞 / 形容詞＋目的語
> 主語＋動詞（＋目的語）＋**了**

我　昨天　买了　一张　足球票。（本文）
Wǒ zuótiān mǎile yì zhāng zúqiúpiào.

妹妹　买了　一　枝　钢笔。
Mèimei mǎile yì zhī gāngbǐ.

我们　学习了　新　课文。
Wǒmen xuéxíle xīn kèwén.

我们　吃了　一　斤　荔枝。
Wǒmen chīle yì jīn lìzhī.

他们　睡觉　了。
Tāmen shuìjiào le.

我们　去　书店　了。
Wǒmen qù shūdiàn le.

> 主語＋**没(有)**＋動詞（＋目的語）

我　没（有）去。
Wǒ méi (you) qù.

他们　没（有）交　报告。
Tāmen méi (you) jiāo bàogào.

他　没（有）　照相。
Tā méi (you) zhàoxiàng.

> 主語＋動詞（＋目的語）＋**了**＋**吗**？　　主語＋動詞（＋目的語）＋**了**＋**没有**？

你　买了　北京　地图　吗？
Nǐ mǎile Běijīng dìtú ma?

—已经　买　了。
　Yǐjīng mǎi le.

你们　吃了　北京烤鸭　吗？
Nǐmen chīle Běijīng kǎoyā ma?

—还　没有　吃　北京　烤鸭。
　Hái méiyou chī Běijīng kǎoyā.

你们　复习　课文　了　没有？
Nǐmen fùxí kèwén le méiyou?

—还　没有　复习　课文　呢！
　Hái méiyou fùxí kèwén ne!

你 看 没 看 火车 的 时间表？
Nǐ kàn méi kàn huǒchē de shíjiānbiǎo?

—我 看了 火车 的 时间表。 / —还 没 呢。
Wǒ kànle huǒchē de shíjiānbiǎo. Hái méi ne.

❷ アスペクト助詞 "了" と語気助詞 "了" 🎵 78

　　アスペクト助詞の "了" は動作・行為の完了、実現を表わし、語気助詞の "了" は状況の変化、または新しい事態の発生の確認を表します。

今天 上了 三 节 课。（アスペクト助詞）
Jīntiān shàngle sān jié kè.

我 吃了 三 个 肉包子。（アスペクト助詞）
Wǒ chīle sān ge ròubāozi.

天 晚 了。（語気助詞）
Tiān wǎn le.

她 今年 二十 岁 了。（語気助詞）
Tā jīnnián èrshí suì le.

我们 学了 三 年 中文 了。（前者はアスペクト助詞で、後者は語気助詞）
Wǒmen xuéle sān nián Zhōngwén le.

他 看了 电影 就 走 了。（前者はアスペクト助詞で、後者は語気助詞）
Tā kànle diànyǐng jiù zǒu le.

我 写了 信 了。（前者はアスペクト助詞で、後者は語気助詞）
Wǒ xiěle xìn le.

❸ 動詞のかさね型 —「ちょっと～してみる」 🎵 79

(1) 看看　　　　看一看　　　　※看 一下
　　Kànkan　　kànyikan　　　　kàn yíxià

　　写写　　　　写一写　　　　※写 一下
　　xiěxie　　　xiěyixie　　　　 xiě yíxià

　　说说　　　　说一说　　　　※说 一下
　　shuōshuo　　shuōyishuo　　　shuō yíxià

　　问问　　　　问一问　　　　※问 一下
　　wènwen　　　wènyiwen　　　　wèn yíxià

　　念念　　　　念一念　　　　※念 一下
　　niànnian　　niànyinian　　　niàn yíxià

（2）商量　　　　商量商量　　　　※ 商量　一下
　　shāngliang　　shāngliang shangliang　　shāngliang　yíxià

　　休息　　　　休息休息　　　　※ 休息　一下
　　xiūxi　　　　xiūxixiuxi　　　　xiūxi　yíxià

　　学习　　　　学习学习　　　　※ 学习　一下
　　xuéxí　　　　xuéxíxuexi　　　　xuéxí　yíxià

　　收拾　　　　收拾收拾　　　　※ 收拾　一下
　　shōushi　　　shōushishoushi　　shōushi　yíxià

　　讨论　　　　讨论讨论　　　　※ 讨论　一下
　　tǎolùn　　　　tǎolùntaolun　　　tǎolùn　yíxià

（3）散步　→　散散步
　　sànbù　　　sànsanbù

　　打球　→　打打球
　　dǎqiú　　　dǎdaqiú

4 助動詞（1）"要"（2）"想" 🎵 80

（1）要：〜したい（意思）、〜しなければならない（必要）、〜しようとする（予定）
　　yào

我　要　去　美国。（意思）
Wǒ　yào　qù　Měiguó.

我们　要　注意　安全。（必要）
Wǒmen　yào　zhùyì　ānquán.

学校　下周　要　开　中文　演讲　比赛。（予定）
Xuéxiào　xiàzhōu　yào　kāi　Zhōngwén　yǎnjiǎng　bǐsài.

※你　要　哪个？（動詞）　　　—我　要　这个。
　Nǐ　yào　nǎge?　　　　　　　　Wǒ　yào　zhège.

（2）想：〜したい（願望）
　　xiǎng

我　想　喝　一　杯　热　咖啡。
Wǒ　xiǎng　hē　yì　bēi　rè　kāfēi.

我们　想　学习　外语。
Wǒmen　xiǎng　xuéxí　wàiyǔ.

※你　想　什么？（動詞）　　　—我　想　家人。
　Nǐ　xiǎng　shénme?　　　　　　Wǒ　xiǎng　jiārén.

1) 次のピンインを繰り返し発音し、漢字に直しなさい。

(1) Wǒ zuótiān mǎile yì zhāng zúqiúpiào.

_____

(2) Wǒ hái yào kànkan xīn shū.　_____

(3) Nǐmen chīle Běijīng kǎoyā ma?　_____

(4) Wǒmen qù shūdiàn le.　_____

(5) Nǐmen fùxí kèwén le méiyou?　_____

2) 次の （　　） にあてはまる了₁（アスペクト助詞）、了₂（語気助詞）を入れなさい。

(1) 她今年二十岁 （　　　）。

(2) 今天上 （　　　） 三节课。

(3) 她画 （　　　） 一张油画。

(4) 我看 （　　　） 火车的时间表。

(5) 我们学 （　　　） 三年中文 （　　　）。

(6) 我买 （　　　） 很多东西。

(7) 现在暖和 （　　　）。

(8) 我姐姐病好 （　　　）。

(9) 我在北京住 （　　　） 三年 （　　　）。

(10) 我喝 （　　　） 两瓶啤酒。

小知识
─ スポーツ ─

① 拔河 báhé　　　　　　　綱引き

② 游泳 yóuyǒng　　　　　　水泳

③ 马拉松 mǎlāsōng　　　　マラソン

④ 跳远 tiàoyuǎn　　　　　走り幅跳び

⑤ 跳高 tiàogāo　　　　　　走り高跳び

⑥ 棒球 bàngqiú　　　　　　野球

⑦ 垒球 lěiqiú　　　　　　　ソフトボール

⑧ 排球 páiqiú　　　　　　　バレーボール

⑨ 乒乓球 pīngpāngqiú　　卓球

⑩ 篮球 lánqiú　　　　　　　バスケットボール

⑪ 网球 wǎngqiú　　　　　　テニス

⑫ 羽毛球 yǔmáoqiú　　　バトミントン

⑬ 足球 zúqiú　　　　　　　サッカー

⑭ 橄榄球 gǎnlǎnqiú　　　ラグビー

⑮ 滑冰 huábīng　　　　　　アイススケート

⑯ 滑雪 huáxuě　　　　　　　スキー

⑰ 冰球 bīngqiú　　　　　　アイスホッケー

⑱ 高尔夫球 gāo'ěrfūqiú　ゴルフ

⑲ 柔道 róudào　　　　　　　柔道

⑳ 空手道 Kōngshǒudào　空手道

第 8 課 他 正在 学习 中文 呢。

Tā zhèngzài xuéxí Zhōngwén ne.

彼は中国語の勉強をしているところです。

🎵 81

A：小林 在 家 吗？
　　Xiǎolín zài jiā ma?

B：在 家, 他 正在 学习 中文 呢。
　　Zài jiā, tā zhèngzài xuéxí Zhōngwén ne.

A：他 学习得 怎么样？
　　Tā xuéxíde zěnmeyàng?

B：(他) 学习得 很 好, 口语 进步得 很 快。
　　(Tā) xuéxíde hěn hǎo, kǒuyǔ jìnbùdé hěn kuài.

日本語訳を書いてみましょう。

A：_____

B：_____

A：_____

B：_____

🎵 82

生词

在 zài：動 ある、いる
　　前置 ～で（場所）、～に（時間）（第
　　9課参照）
正在 zhèngzài：副 ちょうど～している
　　＝在 zài、正 zhèng
学习 xuéxí：動 勉強する、学ぶ
　　名 学習

得 de：助 動詞や形容詞の後において様態や
　　結果を表す補語を導く
口语 kǒuyǔ：名 会話
进步 jìnbù：動 進歩する⇔退步（tuìbù）
快 kuài：形 速い（速度が）⇔慢（màn）

1 "在" を用いる文 （1）　🎵83

「〜にいる」「〜にある」というように特定の人や事物について、どこに存在するかを表します。

> 主語＋**在**＋場所を表わす名詞・代名詞
> 主語＋副詞＋**在**＋場所を表わす名詞・代名詞

他们 在 图书馆。
Tāmen zài túshūguǎn.

我 的 书包 也 在 这儿。
Wǒ de shūbāo yě zài zhèr.

他 在 京都。
Tā zài Jīngdū.

他 不 在 教室 里。
Tā bú zài jiàoshì li.

她们 不 在 校园 里。
Tāmen bú zài xiàoyuán li.

> 主語＋**在**＋場所＋**吗**？　　主語＋**在**＋**不**＋**在**＋場所？

小林 在 家 吗？（本文）
Xiǎolín zài jiā ma?

食堂 在 操场 的 后边儿 吗？　　—（食堂）在 操场 的 后边儿。
Shítáng zài cāochǎng de hòubianr ma?　　(Shítáng) zài cāochǎng de hòubianr.

你 晚上 在 不 在 办公室 里？　　—（我）晚上 不 在 办公室 里。
Nǐ wǎnshang zài bu zài bàngōngshì li?　　(Wǒ) wǎnshang bú zài bàngōngshì li.

邮局 在 哪儿？　　—（邮局）在 车站 前边儿。
Yóujú zài nǎr?　　(Yóujú) zài chēzhàn qiánbianr.

2 場所代名詞

近称（ここ）	这儿 zhèr	这里 zhèli
遠称（そこ、あそこ）	那儿 nàr	那里 nàli
疑問（どこ）	哪儿 nǎr	哪里 nǎli

※「〜のところ」と言うときには、目的語としての名詞・代名詞の後に"这儿""那儿"
を使う。対象が話者側にあるときは"这儿"相手側にあるときは"那儿"。

你 的 词典 在 我 这儿。
Nǐ de cídiǎn zài wǒ zhèr.

您 的 铅笔盒 不 在 他 那儿。
Nín de qiānbǐhé bú zài tā nàr.

③ 動作の進行を表す表現　🎵84

「〜しています」「〜しているところです」、動作や行為が進行中であることを表すとき
には、副詞の"在""正""正在"を用います。

話し言葉では、通常文末に語気助詞の"呢"を加えますが、省略も可能です。

> 主語＋**在**/**正在**/**正**＋動詞（＋目的語）（＋**呢**）
> 主語＋**没有**＋動詞（＋目的語）

他们 正 上课 呢。
Tāmen zhèng shàngkè ne.

弟弟 在 打 球 呢。
Dìdi zài dǎ qiú ne.

大家 正在 休息 呢。
Dàjiā zhèngzài xiūxi ne.

她们 在 洗 衣服 呢。
Tāmen zài xǐ yīfu ne.

她 没有 跳 舞。
Tā méiyou tiào wǔ.

爸爸 没有 看 报。
Bàba méiyou kàn bào.

哥哥 没有 听 音乐。
Gēge méiyou tīng yīnyuè.

你 正在 写 作业 吗？　　—是 的。/ 对。
Nǐ zhèngzài xiě zuòyè ma?　　Shì de. / duì.

我 正在 写 作业。
Wǒ zhèngzài xiě zuòyè.

助詞の"得"は動詞の後に用い、ある動作がどのような様態でなされ、またはどのような状態に到達しているかを表す補語を導きます。

主語＋動詞＋**得**＋補語（形容詞）

主語＋動詞＋目的語＋動詞＋**得**＋補語（形容詞）

他　起得　很　早。
Tā　qǐde　hěn　zǎo.

她　睡得　晚。
Tā　shuìde　wǎn.

她　写　汉字　写得　很　快。
Tā　xiě　Hànzì　xiěde　hěn　kuài.

他　说　中文　说得　很　流利。
Tā　shuō Zhōngwén shuōde　hěn　liúlì.

她们　跑得　不　快。
Tāmen　pǎode　bú　kuài.

我们　吃得　不　多。
Wǒmen　chīde　bù　duō.

你们　昨晚　休息得　好　吗？　　　—休息得　很　好。　/　休息得　不　好。
Nǐmen　zuówǎn　xiūxide　hǎo　ma?　　　Xiūxide　hěn　hǎo.　　　Xiūxide　bù　hǎo.

她　唱　歌　唱得　怎么样？　　　—唱得　很　好。　/　唱得　还　可以。
Tā　chàng　gē　chàngde　zěnmeyàng?　　　Chàngde hěn　hǎo.　　　Chàngde hái　kěyǐ.

※**目的語の前置**

吉他，她 弹得 非常 好。
Jítā,　　tā　　tánde fēicháng hǎo.

芭蕾舞，她们 跳得 很 好。
Bālěiwǔ,　　tāmen　tiàode　hěn　hǎo.

外语，我们 学得 一般。
Wàiyǔ,　wǒmen　xuéde　　yìbān.

※我们 高兴得 很。
　　Wǒmen gāoxìngde hěn.

　大家 累得 很。
　Dàjiā　léide　hěn.

※今天 热 极了。
　Jīntiān　rè　jíle.

　小朋友们 开心 极了。
Xiǎopéngyoumen kāixīn　jíle.

1) 次のピンインを繰り返し発音し、漢字に直しなさい。

    (1) Tā zhèngzài xuéxí Zhōngwén ne.   _____

    (2) Xiǎolín zài jiā ma?   _____

    (3) Tā xuéxíde zěnmeyàng?   _____

    (4) Tā shuìde wǎn.   _____

    (5) Dìdi zài dǎ qiú ne.   _____

2) 次の問いに中国語で自由に答えなさい。

    (1) 邮局在哪儿?   _____

    (2) 他正在写作业吗?   _____

    (3) 你晚上在不在办公室里？   _____

    (4) 食堂在操场的后边儿吗?   _____

    (5) 你们昨晚休息得好吗?   _____

3) 次の①～⑤の意味を書きなさい。

    ① 流利   (   )

    ② 跑   (   )

    ③ 吉他   (   )

    ④ 高兴   (   )

    ⑤ 开心 极了 (   )

第 9 課

这时 的 苹果 不 太 甜。
Zhèshí de píngguǒ bú tài tián.

この時期のりんごはあまり甘くない。

A：夏天 水果 很 多，西瓜 特别 好吃。
　　Xiàtiān shuǐguǒ hěn duō, xīguā tèbié hǎochī.

B：对，我 在 超市 买了 三 个 苹果。
　　Duì, wǒ zài chāoshì mǎile sān ge píngguǒ.

A：味道 好 吗？
　　Wèidao hǎo ma?

B：这时 的 苹果 不 太 甜。
　　Zhèshí de píngguǒ bú tài tián.

日本語訳を書いてみましょう。

A：_____

B：_____

A：_____

B：_____

♫ 87

生词

夏天 xiàtiān：名 夏
水果 shuǐguǒ：名 果物
西瓜 xīguā：名 スイカ
特别 tèbié：副 とりわけ、ことのほか
好吃 hǎochī：形 美味しい
在 zài：前置 ～で、～に（動詞的用法は第
　　　　　8課参照）
超市 chāoshì：名 スーパーマーケット〈超
　　　　　级市场〉の略語

苹果 píngguǒ：名 りんご
味道 wèidao：名 味
时 shí：名 ～の時、時期〈这时 zhèshí〉（こ
　　　　の時期）
不 太 bú tài：（あまり…ではない）
　　　　　＝不太～〈不太＋形容詞〉の
　　　　　形でよく使用される。

067

① 主述述語文 🎵 88

　述語の部分がさらに主語＋述語から形成されている文を主述述語文といいます。「〜は〜が（どんな）だ」という表現は日本語と同じです。

┌─────────────────────────┐
│ 主語＋述語(主語＋述語) │
└─────────────────────────┘

今天 天气 很 好。
Jīntiān tiānqì hěn hǎo.

我 肚子 疼。
Wǒ dùzi téng.

他们 学习 不 好。
Tāmen xuéxí bù hǎo.

她 工作 不 太 忙。
Tā gōngzuò bú tài máng.

这时 的 苹果 不 太 甜。（本文）
Zhèshí de píngguǒ bú tài tián.

你 身体 好 吗？
Nǐ shēntǐ hǎo ma?

她 生活 怎么样？
Tā shēnghuó zěnmeyàng?

② "在" を用いる文（2） 🎵 89

　介詞（前置詞）"在"は場所や時間を表します。

我们 在 学校 学习。
Wǒmen zài xuéxiào xuéxí.

我们 在 饭馆儿 吃饭。
Wǒmen zài fànguǎnr chīfàn.

我 在 晚上 看 电视。
Wǒ zài wǎnshang kàn diànshì.

他 在 大学 时 认识 她。
Tā zài dàxué shí rènshi tā.

❸ 部分否定と全否定　　🎵 90

部分否定と全否定は通常、形容詞述語文または主述述語文の中に表われます。

形容詞述語文

今天 不 太 冷。（部分否定）
Jīntiān　bú　tài　lěng.

这个 东西 不 太 便宜。（部分否定）
Zhège　dōngxi　bú　tài　piányi.

那个 桔子 很 不 甜。（全否定）
Nàge　júzi　hěn　bù　tián.

这 本 杂志 很 不 好。（全否定）
Zhè　běn　zázhì　hěn　bù　hǎo.

主述述語文

今天 天气 不 很 好。（部分否定）
Jīntiān　tiānqì　bù　hěn　hǎo.

他 身体 不 很 健康。（部分否定）
Tā　shēntǐ　bù　hěn　jiànkāng.

今天 天气 很 不 好。（全否定）
Jīntiān　tiānqì　hěn　bù　hǎo.

他 身体 很 不 健康。（全否定）
Tā　shēntǐ　hěn　bú　jiànkāng.

※"是"を用いる文でも部分否定と全否定があります。

她们 都 不 是 大学生。（全否定）
Tāmen　dōu　bú　shì　dàxuéshēng.

她们 不 都 是 大学生。（部分否定）
Tāmen　bù　dōu　shì　dàxuéshēng.

他们 都 不 是 同班。（全否定）
Tāmen　dōu　bú　shì　tóngbān.

他们 不 都 是 同班。（部分否定）
Tāmen　bù　dōu　shì　tóngbān.

北京の果物

春天：草莓（cǎoméi）

夏天：西瓜（xīguā）　　　桃（táo）　　　李子（lǐzi）　　　甜瓜（tiánguā）

秋天：苹果（píngguǒ）　　梨子（lízi）　　山楂（shānzhā）　　柿子（shìzi）　　杏儿（xìngr）

冬天：枣儿（zǎor）

果物いろいろ

葡萄 pútáo	樱桃 yīngtáo	龙眼 lóngyǎn	核桃 hétao
菠萝 bōluó（＝凤梨 fènglí）		柚子 yòuzi	橘子 júzi（＝橙子 chéngzi）
芒果 mángguǒ	佛手 fóshǒu	无花果 wúhuāguǒ	猕猴桃 míhóutáo
木瓜 mùguā	枇杷 pípa	栗子 lìzi	

1) 次のピンインを繰り返し発音し、漢字に直しなさい。

(1) Zhèshí de píngguǒ bú tài tián. _____

(2) Jīntiān tiānqì hěn bù hǎo. _____

(3) Xiàtiān shuǐguǒ hěn duō, xīguā tèbié hǎochī.

_____

(4) Wǒ dùzi téng. _____

(5) Tāmen xuéxí bù hǎo. _____

2) 次の問いに中国語で自由に答えなさい。

(1) 她工作忙不忙？ _____

(2) 你们都是大学生吗？ _____

(3) 今天天气怎么样？ _____

(4) 你们在哪儿吃饭？ _____

(5) 你身体好吗？ _____

3) 次の①〜⑤の意味を書きなさい。

① 超市 （　　　　　　　）

② 同班 （　　　　　　　）

③ 疼 （　　　　　　　）

④ 便宜 （　　　　　　　）

⑤ 不太冷 （　　　　　　　）

你 去过 北京 吗？
Nǐ qùguo Běijīng ma?
あなたは北京へ行ったことがありますか？

A：你 去过 北京 吗？
　　Nǐ qùguo Běijīng ma?

B：去过，我 去过 两 次。
　　Qùguo, wǒ qùguo liǎng cì.

A：北京 有 很 多 名胜 古迹，你 去过 长城 吗？
　　Běijīng yǒu hěn duō míngshèng gǔjì, nǐ qùguo Chángchéng ma?

B：当然 去过，中国 朋友 都 说："不 到 长城 非 好汉" 啊！
　　Dāngrán qùguo, Zhōngguó péngyou dōu shuō："Bú dào Chángchéng fēi hǎohàn" a!

日本語訳を書いてみましょう。

A：_____

B：_____

A：_____

B：_____

 92

生词

过 guo：助〈動詞＋过〉（～したことがある）アスペクト助詞

次 cì：助数 回、度、遍〈两 次〉（2回）

名胜古迹 míngshèng gǔjì：名 名所旧跡

长城 Chángchéng：名 万里の長城

当然 dāngrán：副 もちろん

到 dào：動 着く、到着する、達する（第14課参照）

非 fēi：動 ～ではない、～にあらず

好汉 hǎohàn：名 りっぱな男、男の中の男

啊 a：助 感嘆の意を表す

① 経験を表す 🎵93

過去の経験を表すときには動詞の後にアスペクト助詞の "过" を置きます。否定は〈没（有）〜过〉です。

> 主語＋動詞＋**过**＋目的語　　主語＋**没(有)**＋動詞＋**过**（＋目的語）

她们 去过 美国。
Tāmen qùguo Měiguó.

他 来过 日本。
Tā láiguo Rìběn.

我们 学过 英语。
Wǒmen xuéguo Yīngyǔ.

我 吃过 中国菜。
Wǒ chīguo Zhōngguócài.

我们 没 喝过 啤酒。
Wǒmen méi hēguo píjiǔ.

我 没 看过 中国 京剧。
Wǒ méi kànguo Zhōngguó Jīngjù.

> 主語＋動詞＋**过**（＋目的語）＋**吗**？　　主語＋動詞＋**过**（＋目的語）**没有**？

你 去过 北京 吗？（本文）
Nǐ qùguo Běijīng ma?

你 听过 中国 音乐 吗？　　—听过，我 听过 中国 音乐。
Nǐ tīngguo Zhōngguó yīnyuè ma?　　Tīngguo, wǒ tīngguo Zhōngguó yīnyuè.

你 学过 法语 吗？　　—没（有）学过。
Nǐ xuéguo Fǎyǔ ma?　　Méi (you) xuéguo.

你 去过 罗马 没有？　　—还 没（有）去过。
Nǐ qùguo Luómǎ méiyou?　　Hái méi(you) qùguo.

※你 坐（过）没 坐过 地铁？
Nǐ zuò (guo) méi zuòguo dìtiě?

※〈動＋过〉には（〜したことがある）の他に動作がすでに終結したことを表すこともある。

你 吃过 饭 了 吗？　　—吃过 了。
Nǐ chīguo fàn le ma?　　Chīguo le.

　　　　　　　　　　　　—还 没 吃 呢。
　　　　　　　　　　　　Hái méi chī ne.

❷ 数量補語 🎵 94

数量補語は動作・行為が行われる回数、続けて行われる時間を表します。

主語＋動詞＋数量補語（回数・時間）
主語＋動詞＋目的語＋動詞＋数量補語（回数・時間）

我 去过 两 次。
Wǒ qùguo liǎng cì.

我们 休息了 一个 星期。
Wǒmen xiūxile yí ge xīngqī.

请 您 再 说 一 遍。
Qǐng nín zài shuō yí biàn.

我 学 汉语 学了 一 年。
Wǒ xué Hànyǔ xué le yì nián.

妹妹 看 电视 看了 一个 晚上。
Mèimei kàn diànshì kànle yí ge wǎnshàng.

※よく使われる動量詞として 遍（说一遍 shuō yí biàn）、次（念一次 niàn yí cì）、顿（吃一顿 chī yí dùn）、回（去一回 qù yì huí）等がある。

❸ 有を用いる文（2） 🎵 95

"有"は「所有」（第6課）の用法の他、「～には～がいます」「～には～があります」というように人や物が「存在」していることも表わします。

主語（場所）＋**有 / 没有**＋存在する人・事物

学校 对面 有 一 个 书店。
Xuéxiào duìmiàn yǒu yí ge shūdiàn.

北京 有 很 多 公园。
Běijīng yǒu hěn duō gōngyuán.

附近 没有 商店。
Fùjìn méiyou shāngdiàn.

教室 里 没有 人。
Jiàoshì li méiyou rén.

主語（場所）＋**有**＋存在する人・事物＋**吗**？

主語（場所）＋**有没有**＋存在する人・事物？

你 房间 里 有 电视 吗？
Nǐ fángjiān li yǒu diànshì ma?

—有，我 房间 里 有 电视。
Yǒu, wǒ fángjiān li yǒu diànshì.

桌子 上 有 没有 智能 手机？
Zhuōzi shang yǒu méiyou zhìnéng shǒujī?

—没有，桌子 上 没有 智能 手机。
Méiyou, zhuōzi shang méiyou zhìnéng shǒujī.

1) 次のピンインを繰り返し発音し、漢字に直しなさい。

    (1) Nǐ qùguo Běijīng ma?   _____

    (2) Dāngrán qùguo.   _____

    (3) Wǒ méi kànguo Zhōngguó Jīngjù. _____

    (4) Nǐ fángjiān li yǒu diànshì ma?   _____

    (5) Wǒmen xuéguo Yīngyǔ.   _____

2) 次の問いに中国語で自由に答えなさい。

    (1) 你听过中国音乐吗？   _____

    (2) 学校对面有什么？   _____

    (3) 你去过罗马没有？   _____

    (4) 桌子上有没有智能手机？   _____

    (5) 她们去过美国吗？   _____

3) 次の①〜⑤の意味を書きなさい。

    ① 坐过地铁   （   ）

    ② 法语   （   ）

    ③ 名胜古迹   （   ）

    ④ 啤酒   （   ）

    ⑤ 不到长城非好汉 （   ）

明天 和 我 一起 去 看 电影, 好 吗?
Míngtiān hé wǒ yìqǐ qù kàn diànyǐng, hǎo ma?

明日私と一緒に映画を見に行きませんか？

🎵96

A : 明天 和 我 一起 去 看 电影, 好 吗?
　　Míngtiān hé wǒ yìqǐ qù kàn diànyǐng, hǎo ma?

B : 对不起! 我 明天 有 事, 不 能 去。
　　Duìbuqǐ! Wǒ míngtiān yǒu shì, bù néng qù.

A : 那么 后天 呢?
　　Nàme hòutiān ne?

B : 后天 没有 打工, 我 可以 陪 你 去。
　　Hòutiān méiyou dǎgōng, wǒ kěyǐ péi nǐ qù.

日本語訳を書いてみましょう。

A : _____
B : _____
A : _____
B : _____

🎵97

生词

和 hé：[前置] ～と＝跟〈和～一起〉(～と一緒に)

电影 diànyǐng：[名] 映画

对不起 duìbuqǐ：(…に対して) すまないと思う。ごめんなさい。すみません。

事 shì：[名] 用事＝事情 shìqing〈有事 / 没有事〉

能 néng：[助動] ～できる、ポイント参照

那么 nàme：[接] それでは

后天 hòutiān：[名] あさって

打工 dǎgōng：[動] アルバイトをする

可以 kěyǐ：[助動] (可能を表す) ～できる、～してもよい、ポイント参照

陪 péi：[動] お供をする、付き添う

❶ 介詞構文 🎵 98

中国語の"介词"は英語の前置詞に似たもので、後に場所、時間、原因、対象を示す目的語を伴って「介詞フレーズ」をつくり、その後の動詞を修飾する働きがあります。

> 主語＋介詞【状況語】＋動詞（＋目的語）

明天 和 我 一起 去 看 电影，好 吗？（本文）
Míngtiān hé wǒ yìqǐ qù kàn diànyǐng, hǎo ma?

> よく使われる介詞

① 和 hé :「～と」＝跟 gēn

我 和 他 一起 去 广州。
Wǒ hé tā yìqǐ qù Guǎngzhōu.

② 在 zài :～で、～に

他 在 屋子 里 休息。
Tā zài wūzi li xiūxi.

我们 不 在 外面 吃 饭。（否定は介詞の前に"不"を置く）
Wǒmen bú zài wàimiàn chī fàn.

③ 从 cóng :～から（起点）

你 从 哪儿 来？　　　　　　　―我 从 朋友 那儿 来。
Nǐ cóng nǎr lái?　　　　　　　　　Wǒ cóng péngyou nàr lái.

④ 离 lí :～から（基点）

你 家 离 车站 远 不 远？　　　―不 远，我 家 离 车站 很 近。
Nǐ jiā lí chēzhàn yuǎn bu yuǎn?　　　Bù yuǎn, wǒ jiā lí chēzhàn hěn jìn.

你 家 离 车站 远 吗？
Nǐ jiā lí chēzhàn yuǎn ma?

※ 我 每天 晚上 从 九 点 到 十 点 看 新闻 节目。
Wǒ měitiān wǎnshang cóng jiǔ diǎn dào shí diǎn kàn xīnwén jiémù.

⑤ 向 xiàng :～に向かって、～へ

你们 应该 向 她 学习。
Nǐmen yīnggāi xiàng tā xuéxí.

⑥ 给 gěi :～に、～のために

我 要 今晚 给 你 打 个 电话。
Wǒ yào jīnwǎn gěi nǐ dǎ ge diànhuà.

⑦ 对 duì :～に対して

我 对 中国 的 武术 很 感 兴趣。
Wǒ duì Zhōngguó de wǔshù hěn gǎn xìngqù.

⑧ 为了 wèile：～のために

为了　学好　中文，得　努力　学习。
Wèile　xuéhǎo　Zhōngwén, děi　nǔlì　xuéxí.

※ 为　我们　两校　的　交流　而　干杯！
Wèi　wǒmen　liǎngxiào　de　jiāoliú　ér　gānbēi!

② 助動詞 "能 néng" "会 huì" "可以 kěyǐ"　🎵 99

① 能 néng（能力があって）～できる

他　能　看　英文　报。
Tā　néng　kàn　Yīngwén　bào.

她　能　开　汽车。
Tā　néng　kāi　qìchē.

否定は "不能 bù néng" を用いる。

教室　里　不　能　吃　东西。
Jiàoshì　li　bù　néng　chī　dōngxi.

② "会 huì"（学習、訓練することによって）～することができる

他　会　游泳。
Tā　huì　yóuyǒng.

他们　会　说　上海话。
Tāmen　huì　shuō　Shànghǎihuà.

我　不　会　打　棒球。
Wǒ　bú　huì　dǎ　bàngqiú.

我们　不　会　打　太极拳。
Wǒmen　bú　huì　dǎ　tàijíquán.

※ "很 会 hěn huì" は一部の動詞の前に置いて程度が高いことを表す。"很" を強く発音する。

我　妹妹　很　会　唱　中国歌。
Wǒ　mèimei　hěn　huì　chàng　zhōngguógē.

※ "会" は確認の語気を表す "的" と一緒に使って「～するはずだ」という用法もある。
否定は "不会"。

他　一定　会　来　的。
Tā　yídìng　huì　lái　de.

今天　不　会　下　雨　的。
Jīntiān　bú　huì　xià　yǔ　de.

※ "会" には動詞的用法もある。

她 会 汉语, 不 会 日语。（動詞）
Tā huì Hànyǔ, bú huì Rìyǔ.

③ **可以 kěyǐ**

能力を表すほか、～してよい、～するのに支障がないというように許可を表す。

这儿 可以 抽 烟 吗？　　　—可以。/ 不 可以。
Zhèr kěyǐ chōu yān ma?　　Kěyǐ. bù kěyǐ.

我们 可以 进来 吗？　　　—当然 可以。/ 不 行。
Wǒmen kěyǐ jìnlai ma?　　Dāngrán kěyǐ. Bù xíng.

3 可能補語 🎵100

「～できる」という言い方は "能" "可以" "会" の助動詞の他に可能補語で表すことができます。

> 主語＋動詞＋**得 / 不**＋（結果補語・方向補語）

在 日本 也 吃得到 北京 烤鸭。
Zài Rìběn yě chīdedào běijīng kǎoyā.

他们 做得了 这个 工作。
Tāmen zuòdeliǎo zhège gōngzuò.

我们 买不起 新车。
Wǒmen mǎibuqǐ xīnchē.

你们 写得完 今天 的 作业 吗？
Nǐmen xiědewán jīntiān de zuòyè ma?

老师 说得 太 快, 我们 听不懂。
Lǎoshī shuōde tài kuài, wǒmen tīngbudǒng.

よく使われる可能補語

看得完（見終わる、見尽くす）―看不完（見終わらない、見尽くせない）
kàndéwán　　　　　　　　　　　　　kànbuwán

买得到（買うことができる）―买不到（手に入れることができない）
mǎidédào　　　　　　　　　　　　mǎibudào

吃得了（〔量的に〕食べきれる）―吃不了（〔量が多くて〕食べきれない）
chīdeliǎo　　　　　　　　　　　　chībuliǎo

吃得下（食べられる、食事が喉を通る）―吃不下（〔満腹・病気〕で食べられない）
chīdexià　　　　　　　　　　　　　chībuxià

看得见（見える）―看不见（見えない、見当たらない）
kàndejiàn　　　　　kànbujiàn

听得懂（〔聞いて〕わかる）―听不懂（〔聞いて〕わからない）
tīngdedǒng　　　　　　　　　tīngbudǒng

进得去（入って行ける）―进不去（入って行けない）
jìndeqù　　　　　　　　　　jìnbuqù

赶得上（間に合う）―赶不上（間に合わない、追いつけない）
gǎndeshàng　　　　　　gǎnbushàng

听得清楚（はっきり聞こえる）―听不清楚（はっきり聞こえない）
tīngdeqīngchu　　　　　　　　tīngbuqīngchu

说得好（うまいことを言う）―说不好（うまく言えない）
shuōdehǎo　　　　　　　　shuōbùhǎo

1) 次のピンインを繰り返し発音し、漢字に直しなさい。

(1) Míngtiān hé wǒ yìqǐ qù kàn diànyǐng hǎo ma?

_____

(2) Hòutiān méiyou dǎgōng, wǒ kěyǐ péi nǐ qù.

_____

(3) Wǒmen bú zài wàimiàn chī fàn. _____

(4) Wǒ duì Zhōngguó de wǔshù hěn gǎn xìngqù.

_____

(5) Wǒ mèimei hěn huì chàng Zhōngguó gē.

_____

2) 次の問いに中国語で自由に答えなさい。

(1) 我们可以进来吗？ _____

(2) 你从哪儿来？ _____

(3) 他能看英文报吗？ _____

(4) 你家离车站远不远？ _____

(5) 你们会打太极拳吗？ _____

3) 次の①〜⑤の意味を書きなさい。

① 车站 （　　　　　　） ④ 新闻节目 （　　　　　　）

② 从九点到十点 （　　　　　　） ⑤ 开汽车 （　　　　　　）

③ 努力学习 （　　　　　　）

小 知 识 Ⓥ
—— 日中外来語の比較 ——

(1) 音訳

（日本語）	（中国語）
サンドイッチ ……………………	三明治　sānmíngzhì
サラダ ………………………………	沙拉　shālā（＝色拉 sèlā）
コーラ ………………………………	可乐　kělè
コーヒー ……………………………	咖啡　kāfēi
ココア ………………………………	可可　kěkě
トースト ……………………………	土司　tǔsī
プリン ………………………………	布丁　bùdīng
チョコレート ……………………	巧克力　qiǎokèlì
ブランディ ………………………	白兰地　báilándì
ウィスキー ………………………	威士忌　wēishìjì

(2) 意訳

（日本語）	（中国語）
ロボット ……………………………	机器人　jīqìrén
ビデオデッキ ……………………	录像机　lùxiàngjī
キャビンアテンダント …………	空中小姐　kōngzhōng xiǎojiě
カメラ ………………………………	照相机　zhàoxiàngjī
イヤホン ……………………………	耳机　ěrjī
マカロニ ……………………………	通心粉　tōngxīnfěn
パソコン ……………………………	电脑　diànnǎo
レコード ……………………………	唱片　chàngpiàn
パジャマ ……………………………	睡衣　shuìyī
ヘルメット ………………………	安全帽　ānquánmào

(3) 音・意融合型

（日本語）	（中国語）	
ミニスカート	迷你裙	mínǐqún
アイスクリーム	冰激淋	bīngjīlín
ジープ	吉普车	jípǔchē
ビール	脾酒	píjiǔ
バレエ	巴蕾舞	bālěiwǔ

(4) その他（日本語・英語からの借用語）

（日本語）	（中国語）	
手続	手续	shǒuxù
話題	话题	huàtí
立場	立场	lìchǎng
取消し	取消	qǔxiāo
場合	场合	chǎnghé
手帳	手帐	shǒuzhàng
通勤する	通勤	tōngqín
ブログ・ブロガー	博客	bókè
シェアする	晒	shài
シェイプアップ	舍宾	shěbīn
ファン	粉丝	fěnsī
ソファ	沙发	shāfā

第**12**課

你 比 妹妹 瘦 一点儿。
Nǐ bǐ mèimei shòu yìdiǎnr.

あなたは妹よりも少し痩せている。

🎵 101

A：你 比 妹妹 瘦 一点儿，你 做了 什么 运动？
　　Nǐ bǐ mèimei shòu yìdiǎnr, nǐ zuòle shénme yùndòng?

B：我 从 上月 开始 去 健身房 练习 瑜伽。
　　Wǒ cóng shàngyuè kāishǐ qù jiànshēnfáng liànxí yújiā.

A：（瑜伽）难 不 难？
　　（Yújiā） nán bù nán?

B：一点儿 也 不 难，欢迎 你 来 参加。
　　Yìdiǎnr yě bù nán, huānyíng nǐ lái cānjiā.

日本語訳を書いてみましょう。

A：
B：
A：
B：

🎵 102

 生 词

比 bǐ：前置 ～に比べて、～より
　　　　動 比べる、比較する
瘦 shòu：形 やせている⇔胖 pàng
一点儿 yìdiǎnr：数量 少し、ちょっと（わ
　　　　ずかな量）＝一些（yìxiē）
运动 yùndòng：名 スポーツ、運動
从 cóng：前置 ～から（物事の始まる点）
健身房 jiànshēnfáng：名 スポーツジム

练习 liànxí：動 練習する　名 練習
瑜伽 yújiā：名 ヨガ
难 nán：形 難しい⇔容易 róngyì（第15課
　　　　参照）
欢迎 huānyíng：動 歓迎する、喜んで受け
　　　　入れる
参加 cānjiā：動 参加する、加わる
　　　　名 参加

① "比"（比較文） 🎵 103

比較表現にはいくつかありますが、「A は B よりも〜である」という場合、介詞（前置詞）"比"を使って表します。

> A（主語）+**比**+ B（名詞・代名詞）+述語（形容詞）（A は B より〜だ）

长江　比　黄河　长。
Chángjiāng　bǐ　Huánghé　cháng.

他　比　我　矮。
Tā　bǐ　wǒ　ǎi.

北京　比　东京　更　冷。
Běijīng　bǐ　Dōngjīng　gèng　lěng.

※この場合、形容詞に"很"はつけない。"更"か"还"をつける。

> A **没有** B +形容詞（A は B ほど〜ではない）

北海道　没有　东京　暖和。
Běihǎidào　méiyou　Dōngjīng　nuǎnhuo.

今天　没有　昨天　暖和。
Jīntiān　méiyou　zuótiān　nuǎnhuo.

弟弟　没有　我　高。
Dìdi　méiyou　wǒ　gāo.

> A **比** B +形容詞+（比較した結果の差）

姐姐　比　我　大　五　岁。
Jiějie　bǐ　wǒ　dà　wǔ　suì.

他　比　她　高　十　公分。
Tā　bǐ　tā　gāo　shí　gōngfēn.

A **比** B ＋形容詞＋**一点儿 / 一些**（A は B よりも少し～である）

你 比 妹妹 瘦 一点儿。（本文）
Nǐ bǐ mèimei shòu yìdiǎnr.

香瓜 比 芒果 贵 一点儿。
Xiāngguā bǐ mángguǒ guì yìdiǎnr.

老师 比 我们 忙 一些。
Lǎoshī bǐ wǒmen máng yìxiē.

A **比** B ＋形容詞＋**得多 / 多了**。（A は B よりずっと～である）

今天 比 昨天 热得 多。
Jīntiān bǐ zuótiān rède duō.

他 比 她 重 多 了。
Tā bǐ tā zhòng duō le.

A **跟** B ＋**一样** 形容詞（A は B と同じくらい～だ）

你 的 手表 跟 老师 的 一样 好看。
Nǐ de shǒubiǎo gēn lǎoshī de yíyàng hǎokàn.

这个 跟 那个 一样 大。
Zhège gēn nàge yíyàng dà.

② 連動文 🎵104

動詞述語文の一種で、一つの文に動詞が二つ以上ある文をいいます。

主語＋動詞 1（＋目的語）＋動詞 2（＋目的語 2）「～して～します」「～しに～します」

動作の行われる順に動詞が続きます。動詞 2 の動作は動詞 1 の動作「目的」を表します。

大家 去 操场 做 体操。
Dàjiā qù cāochǎng zuò tǐcāo.

我们 平常 回 家 吃 午饭。
Wǒmen píngcháng huí jiā chī wǔfàn.

他们 不 去 看 电影。
Tāmen bú qù kàn diànyǐng.

> 主語＋A動詞（句）＋B動詞（句）「AすることによってBする」

A動詞（句）の動作はB動詞（句）の動作の「手段」「方法」を表します。

我们 骑 自行车 去 市场。
Wǒmen qí zìxíngchē qù shìchǎng.

老师 用 日文 讲 中文 语法。
Lǎoshī yòng Rìwén jiǎng Zhōngwén yǔfǎ.

我 不 坐 电车 去 公园。
Wǒ bú zuò diànchē qù gōngyuán.

❸ 形容詞＋一点儿（少し～だ）　🎵105

你 比 妹妹 瘦 一点儿。（本文）
Nǐ bǐ mèimei shòu yìdiǎnr.

今天 凉快 一点儿。
Jīntiān liángkuai yìdiǎnr.

你 的 身体 好 一点儿 吗？ —谢谢，好 多 了！
Nǐ de shēntǐ hǎo yìdiǎnr ma? Xièxie, hǎo duō le!

※"一点儿"の"一"は省略可能。

1) 次のピンインを繰り返し発音し、漢字に直しなさい。

(1) Nǐ bǐ mèimei shòu yìdiǎnr. _____

(2) Wǒ cóng shàngyuè kāishǐ qù jiànshēnfáng liànxí yújiā.

_____

(3) Dìdi méiyou wǒ gāo. _____

(4) Jiějie bǐ wǒ dà wǔ suì. _____

(5) Xiāngguā bǐ mángguǒ guì yìdiǎnr. _____

2) 次の問いに中国語で自由に答えなさい。

(1) 苹果比梨子便宜吗? _____

(2) 你们骑什么去市场? _____

(3) 他比你矮不矮? _____

(4) 瑜伽难不难? _____

(5) 这个跟那个一样大吗? _____

3) 次の①〜⑤の意味を書きなさい。

① 十公分 (   )

② 热得多 (   )

③ 操场 (   )

④ 回家 (   )

⑤ 讲中文语法 (   )

你 的 爱好 是 什么？
Nǐ de àihào shì shénme?

あなたの趣味は何ですか？

🎵106

A：我 对 中国 的 邮票 感 兴趣。你 的 爱好 是 什么？
　Wǒ duì Zhōngguó de yóupiào gǎn xìngqù. Nǐ de àihào shì shénme?

B：我 的 爱好 也 是 集邮。
　Wǒ de àihào yě shì jíyóu.

A：请 你 上 我 的 房间 来 看看 我 的 邮票 吧。
　Qǐng nǐ shàng wǒ de fángjiān lái kànkan Wǒ de yóupiào ba.

B：我 看完 了！你 的 房间 又 大 又 干净。
　Wǒ kànwán le! nǐ de fángjiān yòu dà yòu gānjìng.

日本語訳を書いてみましょう。

A：_____

B：_____

A：_____

B：_____

🎵107

生词

对 duì：前置 ～に、～に対して（第15課参照）
邮票 yóupiào：名 切手
感 gǎn：動 思う、感じる〈～兴趣〉（興味がある）
爱好 àihào：名 趣味
　　　　　動 趣味とする、たしなむ
集邮 jíyóu：名 切手収集
上 shàng：動 上がる、登る〈～楼〉（2階に上る）

太 tài：副 ひどく〈太＋形＋了〉（あまりにも～だ）（第5課参照）
房间 fángjiān：名 部屋＝屋子
又～又 yòu～yòu～：～でもあり、～でもある、～したり～したりする
干净 gānjìng：形 清潔である、きれい

① 方向補語（1） 🎵108

```
主語＋動詞（＋目的語）＋来/去　（〜てくる、〜ていく）
```

她 出去 了。
Tā chūqu le.

妈，我 回来 了。
Mā, wǒ huílai le.

他们 回 宿舍 去 了。
Tāmen huí sùshè qù le.

我 没有 带 相机 来。
Wǒ méiyou dài xiàngjī lai.

你们 进来 吧。
Nǐmen jìnlai ba.

② 方向補語（2） 🎵109

	上	下	进	出	回	过	起
来	〜上来	〜下来	〜进来	〜出来	〜回来	〜过来	〜起来
去	〜上去	〜下去	〜进去	〜出去	〜回去	〜过去	

太阳 升起来 了。
Tàiyáng shēngqilai le.

他们 跑进来 了。
Tāmen pǎojinlai le.

学生们 走进 教室 来 了。
Xuéshengmén zǒujìn jiàoshì lai le.

我 带回 雨伞 来 了。
Wǒ dàihuí yǔsǎn lai le.

我 没有 买回 你 要 的 蛋糕 来。
Wǒ méiyou mǎihuí nǐ yào de dàngāo lai.

※ 我 没有 买回来 你 要 的 蛋糕。
Wǒ méiyǒu mǎihuilai nǐ yào de dàngāo.

③ 結果補語　🎵110

　ある動作を示す述語動詞の後に"完""饱""错"などをおいて、その動作が結果的に
どうなったのかを補足説明します。

> 主語＋動詞＋補語(動詞 / 形容詞)＋目的語

我 看完 那 本 小说 了。
Wǒ　kànwán　nà　běn xiǎoshuō　le.

他 没有 做完 练习。
Tā　méiyǒu　zuòwán　liànxí.

你们 吃好 了 吗？
Nǐmen　chīhǎo　le　ma?

* 这个 电影 我 没有 看懂。
Zhège　diànyǐng　wǒ　méiyou　kàndǒng.

結果補語になる動詞と形容詞

● 動詞＋結果補語（動詞）

完 wán（～し終わる）

看完 kànwán　　　　　做完 zuòwán　　　　　卖完 màiwán

到 dào（手に入れる）

买到 mǎidào　　　　　学到 xuédào　　　　　找到 zhǎodào

见 jiàn（聞こえる、見える）

听见 tīngjiàn　　　　看见 kànjiàn

懂 dǒng（～してわかる）

听懂 tīngdǒng　　　看懂 kàndǒng

● 動詞＋結果補語（形容詞）

清楚 qīngchu（明らかである、はっきりしている）

听清楚 tīng qīngchu　　　说清楚 shuō qīngchu

好 hǎo（ちゃんと～する、～し終わる）

学好 xuéhǎo　　　　　做好 zuòhǎo　　　　　想好 xiǎnghǎo

错 cuò（〜し間違える）

听错 tīngcuò 说错 shuōcuò 打错 dǎcuò

干净 gānjìng（きれいである、清潔である）

洗干净 xǐ gānjìng 扫干净 sǎo gānjìng 擦干净 cā gānjìng

④ よく使われる関連詞 🎵111

① 又〜又〜

你 的 房间 又 大 又 干净。（本文）
Nǐ de fángjiān yòu dà yòu gānjìng.

这个 西瓜 又 甜 又 好吃。
Zhège xīguā yòu tián yòu hǎochī.

她 买 的 背包 又 便宜 又 好看。
Tā mǎi de bèibāo yòu piányi yòu hǎokàn.

② 一边（儿）〜一边（儿）

她 一边（儿）看 电视 一边（儿）写 作业。
Tā yìbiān kàn diànshì yìbiān xiě zuòyè.

我们 一边（儿）走 路 一边（儿）吃 瓜子儿。
Wǒmen yìbiān zǒu lù yìbiān chī guāzǐr.

※ 她们 一面 喝 茶 一面 聊天儿。
Tāmen yímiàn hē chá yímiàn liáotiānr.

③ 一〜就〜

她 真 聪明，一 学 就 会。
Tā zhēn cōngmíng, yì xué jiù huì.

下课 铃，一 响，大家 就 走出去 了。
Xiàkè líng, yì xiǎng, dàjiā jiù zǒuchuqu le.

④ 虽然〜但是（可是）〜

他 身体 虽然 不 好，但是 一直 坚持 上班。
Tā shēntǐ suīrán bù hǎo, dànshì yìzhí jiānchí shàngbān.

她 虽然 工作 很 忙，可是 还 经常 来 帮助 我。
Tā suīrán gōngzuò hěn máng, kěshì hái jīngcháng lái bāngzhù wǒ.

⑤ 因为～所以～

因为 这 本 书 不 好，所以 我 不 买。
Yīnwèi zhè běn shū bù hǎo, suǒyǐ wǒ bù mǎi.

因为 感冒 了，所以 她 没 来 上课。
Yīnwèi gǎnmào le, suǒyǐ tā méi lái shàngkè.

⑥ 要是（如果）～就～ ／ 要是～的话

如果 你 喜欢 这 张 邮票，我 就 送给 你 吧。
Rúguǒ nǐ xǐhuan zhè Zhāng yóupiào, wǒ jiù sònggěi nǐ ba.

你 要是 有 空 的 话，来 我 家 玩玩。
Nǐ yàoshi yǒu kòng de huà, lái wǒ jiā wánwan.

⑦ 只要～就

只要 老师 说得 慢，我们 就 听得懂。
Zhǐyào lǎoshī shuōde màn, wǒmen jiù tīngdedǒng.

只要 多 练习 就 能 提高 口语 水平。
Zhǐyào duō liànxí jiù néng tígāo kǒuyǔ shuǐpíng.

⑧ 不但～而且～

他 不但 是 音乐家，而且 是 文学家。
Tā bú dàn shì yīnyuèjiā, érqiě shì wénxuéjiā.

我们 老师 不但 英语 好，而且 法语 也 好。
Wǒmen lǎoshī búdàn Yīngyǔ hǎo, érqiě Fǎyǔ yě hǎo.

⑨ ～越～越～

小朋友 越 唱 越 高兴。
Xiǎopéngyou yuè chàng yuè gāoxìng.

这 本 小说 越 看 越 有 意思。
Zhè běn xiǎoshuō yuè kàn yuè yǒu yìsi.

※天气 越 来 越 凉快。
Tiānqì yuè lái yuè liángkuài.

※她 越 来 越 漂亮 了。
Tā yuè lái yuè piàoliang le.

⑩ 即使～也

即使 外面 下 雨，我们 也 出去。
Jíshǐ wàimiàn xià yǔ, wǒmen yě chūqu.

即使 是 冬天，我们 这儿 也 不 冷。
Jíshǐ shì dōngtiān, wǒmen zhèr yě bù lěng.

1) 次のピンインを繰り返し発音し、漢字に直しなさい。

(1) Nǐ de àihào shì shénme? _____

(2) Nǐmen jìnlai ba. _____

(3) Tàiyáng shēngqilai le. _____

(4) Nǐ de fángjiān yòu dà yòu gānjìng. _____

(5) Wǒ dàihuí yǔsǎn lai le. _____

2) 次の（　　）の中にあてはまる関連詞を入れなさい。

(1) （　　　　　　）这本书不好，（　　　　　　）我不买。

(2) （　　　　　　）你喜欢这张邮票，我（　　　　　　）送给你吧。

(3) 他（　　　　　）是音乐家，（　　　　　）是文学家。

(4) 这本小说（　　　　　）看（　　　　　）有意思。

(5) （　　　　　）多练习（　　　　　）能提高口语水平。

(6) （　　　　　）外面下雨，我们（　　　　　）出去。

(7) 他身体（　　　　　）不好，（　　　　　）一直坚持上班。

(8) 这个西瓜（　　　　　）甜（　　　　　）好吃。

(9) 她（　　　　　）看电视（　　　　　）写作业。

(10) 真聪明，（　　　　　）学（　　　　　）会。

第14課 我 请 你 喝 "早茶" 吧！

Wǒ qǐng nǐ hē "zǎochá" ba!

あなたに「朝のヤムチャ」をご馳走しますよ！

🎵112

A : 你 是 什么 时候 到 广州 的？
　　Nǐ shì shénme shíhou dào Guǎngzhōu de?

B : (我) 是 昨天 晚上 到 广州 的。
　　(Wǒ) shì zuótiān wǎnshang dào Guǎngzhōu de.

A : 我 请 你 喝 "早茶" 吧。
　　Wǒ qǐng nǐ hē "zǎochá" ba.

B : 好 的, 谢谢 您 的 好意。
　　Hǎo de, xièxie nín de hǎoyì.

A : 你 的 行李 呢？
　　Nǐ de xíngli ne?

B : 已 被 饭店 的 人 搬 走 了。
　　Yǐ bèi fàndiàn de rén bān zǒu le.

日本語訳を書いてみましょう。

A :
B :
A :
B :
A :
B :

🎵113

生词

什么时候 Shénme shíhou：代 いつ
＝几时 jǐshí

到 dào：動 着く、到着する、行く /
来る（場所を示す目的語をとる）

广州 Guǎngzhōu：名 広州、広東省の省都

请 qǐng：動 頼む、お願いする、招待する、
ごちそうする

吧 ba：助 文末におく。ここでは語気をや
わらげる働きをする。

早茶 zǎochá：名 朝のヤムチャ、広州では
"早茶" の他、"午茶""晚茶"

等の習慣がある。

谢谢 xièxie：動 〜に感謝する、
ありがとう〈套〉（第3課参照）

好意 hǎoyì：名 好意

行李 xíngli：名 荷物

已 yǐ：すでに、もう＝已经

饭店 fàndiàn：名 ホテル、地域によっては
ホテルのことを "酒店" とも
いう。

搬 bān：動 運ぶ、移す

❶ "是〜的" 🎵114

　"是〜的"は動作がすでに実現あるいは完成したことを表し、動作の行われた場所・時間・方式・目的・条件・動作主などを強調するときに用いられます。
　"是"は強調しようとする箇所の前に置き、"的"は文末に置きます。

> 主語＋**是**＋時間 / 地点 / 方法＋動詞（＋目的語）＋**的**

我们 是 坐 校车 去 学校 的。
Wǒmen shì zuò xiàochē qù xuéxiào de.

我们 不是 跟 老师 一起 去 的。
Wǒmen bú shì gēn lǎoshī yìqǐ qù de.

你 是 从 哪儿 来 的？ 　　—我 是 从 上海 来 的。
Nǐ shì cóng nǎr lái de? 　　Wǒ shì cóng Shànghǎi lái de.

你 是 什么 时候 到 广州 的？（本文）
Nǐ shì shénme shíhou dào Guǎngzhōu de?

—我 是 昨天 晚上 到 广州 的。
Wǒ shì zuótiān wǎnshang dào Guǎngzhōu de.

※目的語は"的"の後においてもよい。

我 是 前天 下午 到 的 大阪。
Wǒ shì qiántiān xiàwǔ dào de Dàbǎn.

他们 是 坐 飞机 来 的 长崎。
Tāmen shì zuò fēijī lái de Chángqí.

他 不 是 在 书店 里 买 的 杂志。
Tā bú shì zài shūdiàn li mǎi de zázhì.

她 是 在 北京 给 我 写 的 信。
Tā shì zài Běijīng gěi wǒ xiě de xìn.

❷ 使役の表し方 🎵115

　中国語では人に何かを「させる、やらせる」「〜に〜するように言う」ことを表すのには"叫"や"让""请""使"を用います。

> 主語＋**叫 / 让 / 请 / 使**＋目的語（主語）＋動詞＋他の要素

父亲 叫 我 去 买 烟。
Fùqīn jiào wǒ qù mǎi yān.

班长 让 我们 坐下。
Bānzhǎng ràng wǒmen zuòxià.

　　否定文は、"不" や "没" を使役動詞の前に置きます。

妈妈 不 让 我 喝 酒。
Māma bú ràng wǒ hē jiǔ.

他 叫 不 叫 你们 写 报告？
Tā jiào bu jiào nǐmen xiě bàogào?

这 件 事 使 我们 感动。
Zhè jiàn shì shǐ wǒmen gǎndòng.

　　使役を表す使役文では二番目の動詞の行為をする人は最初の動詞の目的語になります。したがって、前の目的語が後の主語になることから「兼語文」とも呼ばれます。

谁 叫 你们 进来 的？
Shéi jiào nǐmen jìnlai de?

我 请 你们 吃 晚饭。
Wǒ qǐng nǐmen chī wǎnfàn.

③ 受身の表し方（"被" 構文）　🎵116

　　「〜は〜される」「〜は〜に〜される」という受身文には、"被""让""叫" 等の受け身の意味をもつ "介词"（前置詞）を使います。

> 主語＋**被 / 让 / 叫**＋行為者＋動詞（＋他の要素）

我 的 车 被 弟弟 开走 了。
Wǒ de chē bèi dìdi kāizǒu le.

啤酒 让 他 喝完 了。
Píjiǔ ràng tā hēwán le.

手机 叫 弟弟 弄坏 了。
Shǒujī jiào dìdi nònghuài le.

1) 次のピンインを繰り返し発音し、漢字に直しなさい。

(1) Wǒ qǐng nǐ hē "zǎochá" ba! _____

(2) Nǐ shì shénme shíhou dào Guǎngzhōu de?

_____

(3) Wǒ shì qiántiān xiàwǔ dào de Dàbǎn.

_____

(4) Hǎo de, xièxie nín de hǎoyì. _____

(5) Wǒmen bú shì gēn lǎoshī yìqǐ qù de. _____

2) 次の( )の中に"被"か"让"、"叫"、"使"、"请"のいずれかを入れ、文を完成させなさい。

(1) 父亲 ( ) 我买烟。（使役）

(2) 我的车 ( ) 弟弟开走了。（受身）

(3) 这件事 ( ) 我们感动。（使役）

(4) 啤酒 ( ) 他喝完了。（受身）

(5) 我 ( ) 你们吃晚饭。（使役）

3) 次の①から⑤の意味を書きなさい。

① 校车 ( )

② 班长 ( )

③ 写报告 ( )

④ 早茶 ( )

⑤ 坐下 ( )

🎵117

大家好！ 我叫铃木一郎。现在是大学二年级的学生，在学校里主要学习英语和经济学。从星期一到星期五都有课，星期六没有课。

　　去年四月起开始学习中文，已经一年多了。我觉得中文的发音虽然很难，但是语法比较容易。现在对中文越来越感兴趣了。我为了达成自己的学习目标，我一定要把中文学好。

　　黄金周快要到了。我想到中国去看看中国的社会和中国大学生的日常生活。请多关照！

　　Dàjiā hǎo! Wǒ jiào Língmù Yīláng. Xiànzài shì dàxué èr niánjí de xuésheng, zài xuéxiào li zhǔyào xuéxí Yīngyǔ hé jīngjìxué. Cóng xīngqīyī dào xīngqīwǔ dōu yǒu kè, xīngqīliù méiyou kè.

　　Qùnián sì yuè qǐ kāishǐ xuéxí Zhōngwén, yǐjīng yī nián duō le. Wǒ juéde Zhōngwén de fāyīn suīrán hěn nán, dànshì yǔfǎ bǐjiào róngyì. Xiànzài duì Zhōngwén yuè lái yuè gǎn xìngqù le. wǒ wèile dáchéng zìjǐ de xuéxí mùbiāo, wǒ yídìng yào bǎ Zhōngwén xuéhǎo.

　　Huángjīnzhōu kuàiyào dào le. Wǒ xiǎng dào Zhōngguó qù kànkan Zhōngguó de shèhuì hé Zhōngguó dàxuéshēng de rìcháng shēnghuó. Qǐng duō guānzhào!

日本語訳を書いてみましょう。

生词

介绍 jièshào：動 紹介する 名 紹介〈自我
　　　　　　　　介绍〉（自己紹介）
主要 zhǔyào：形 主要な、主に
和 hé：接続 ～と、および（第4課参照）
从～到～ cóng～dào～：接 ～から～まで
起 qǐ：（時間・空間の起点を表す）～から
　　　　始まる。〈从＋名詞＋起〉の形で用
　　　　いられる。
已经 yǐjīng：副 すでに、もう
觉得 juéde：動 思う、感じる
但是 dànshì：接続 しかしながら
发音 fāyīn：名 発音〈中文发音〉（中国語
　　　　　　　の発音）
难 nán：形 難しい⇔容易 róngyì
语法 yǔfǎ：名 文法
比较 bǐjiào：副 わりと、比較的
　　　　　　動 比較する
对 duì：前置 ～に（対して）、～について
越来越 yuè lái yuè：ますます～になる、だ
　　　　　　　　　んだん～になる
感 gǎn：動 感じる〈～兴趣〉（興味を覚え

る）
为了 wèile：前置 ～のために、～のため
达成 dáchéng：動 達成する、成立する
目标 mùbiāo：名 目標
一定 yídìng：副 きっと、必ず
要 yào：助動 ～しなければならない、～し
　　　　　たい
　　　　動 欲しい、要る
把 bǎ：前置 ～を～（する）
快要 kuàiyào：副 もうすぐ、まもなく
　　　　　　　文末に "了" を伴う。〈快要
　　　　　　　～了〉（もうすぐ～だ）
黄金周 huángjīnzhōu：名 ゴールデンウィ
　　　　　　　　　　ーク
想 xiǎng：助動 第7課参照
看看 kànkan：動 "看" のかさね型。第7課
　　　　　　　参照
关照 guānzhào：動 世話をする、面倒をみ
　　　　　　　る。〈请多关照〉（よろし
　　　　　　　くお願いします）

① "把" 構文 🎵119

「〜は〜を〜する」というとき、目的語の処置を強調するには介詞（前置詞）"把" を用いて、目的語を動詞の前に出してつくりますが、これはよく使われる動詞述語文の一つです。

主語＋**把**＋目的語＋動詞＋他の要素

我 一定 要 把 中文 学好。(本文)
Wǒ yídìng yào bǎ Zhōngwén xuéhǎo.

你 把 衣服 拿来。
Nǐ bǎ yīfu ná lai.

请 把 窗户 打开 一下。
Qǐng bǎ chuānghu dǎkāi yíxià.

我们 把 这本 小说 看完 了。
Wǒmen bǎ zhè běn xiǎoshuō kànwán le.

我 还 没有 把 作业 写完。
Wǒ hái méiyou bǎ zuòyè xiěwán.

你们 把 电脑 带来 了 吗？
Nǐmen bǎ diànnǎo dàilai le ma?

你 能 把 这 本 杂志 借给 我 吗？
Nǐ néng bǎ zhè běn zázhì jiègěi wǒ ma?

※動詞の後には他の要素（「動詞＋結果補語」「動詞＋得＋様態補語」「動詞のかさね型」「動詞＋一下」など）をつけます。動詞一語だけでは成立しません。

② 快要〜了 / 要〜了 / 就要〜了 / 快〜了（近い未来を表す表現） 🎵120

黄金周 快要 到 了。(本文)
Huángjīnzhōu kuàiyào dào le.

飞机 要 起飞 了。
Fēijī yào qǐfēi le.

春节 就要 到 了。
Chūnjié jiùyào dào le.

快 放 暑假 了。
Kuài fàng shǔjià le.

1) 次のピンインを繰り返し発音し、漢字に直しなさい。

    (1) Zìwǒ jièshào.　　　　_____

    (2) Cóng xīngqīyī dào xīngqīwǔ dōu yǒu kè.

        _____

    (3) Xiànzài duì Zhōngwén yuè lái yuè gǎn xìngqù le.

        _____

    (4) Wǒ yídìng yào bǎ Zhōngwén xuéhǎo.

        _____

    (5) Kuàiyào dào huángjīnzhōu le.　　_____

2) 次の (1) 〜 (5) の文を日本語に直しなさい。

    (1) 请把窗户打开一下。　　_____

    (2) 我还没有把作业写完。　　_____

    (3) 飞机要起飞了。　　_____

    (4) 把衣服拿来。　　_____

    (5) 请多关照。　　_____

3) 次の①〜⑤の意味を書きなさい。

    ① 窗户 （　　　　　　）　　　④ 学好 （　　　　　　）

    ② 电脑 （　　　　　　）　　　⑤ 觉得 （　　　　　　）

    ③ 杂志 （　　　　　　）

語 彙 索 引

監　修
瀬戸口　律子

著　者
石川　　薫
瀬戸口　勲

みんなとつながる中国語

2024. 3. 30　初版発行

発行者　上野 名保子

発行所　〒101-0062　東京都千代田区神田駿河台3の7　　　株式
　　　　電話　東京03（3291）1676　FAX 03（3291）1675　　会社　駿河台出版社
　　　　振替　00190-3-56669番
　　　　E-mail：edit@e-surugadai.com
　　　　URL：http://www.e-surugadai.com

製版・印刷・製本　フォレスト

ISBN 978-4-411-03165-5 C1087　¥2500E

中国語音節全表

声母\韻母	1														i	ia	iao	ie
	a	o	e	-i	er	ai	ei	ao	ou	an	en	ang	eng	ong	i	ia	iao	ie
b	ba	bo				bai	bei	bao		ban	ben	bang	beng		bi		biao	bie
p	pa	po				pai	pei	pao	pou	pan	pen	pang	peng		pi		piao	pie
m	ma	mo	me			mai	mei	mao	mou	man	men	mang	meng		mi		miao	mie
f	fa	fo					fei		fou	fan	fen	fang	feng					
d	da		de			dai	dei	dao	dou	dan		dang	deng	dong	di		diao	die
t	ta		te			tai		tao	tou	tan		tang	teng	tong	ti		tiao	tie
n	na		ne			nai	nei	nao	nou	nan	nen	nang	neng	nong	ni		niao	nie
l	la		le			lai	lei	lao	lou	lan		lang	leng	long	li	lia	liao	lie
g	ga		ge			gai	gei	gao	gou	gan	gen	gang	geng	gong				
k	ka		ke			kai	kei	kao	kou	kan	ken	kang	keng	kong				
h	ha		he			hai	hei	hao	hou	han	hen	hang	heng	hong				
j															ji	jia	jiao	jie
q															qi	qia	qiao	qie
x															xi	xia	xiao	xie
zh	zha		zhe	zhi		zhai	zhei	zhao	zhou	zhan	zhen	zhang	zheng	zhong				
ch	cha		che	chi		chai		chao	chou	chan	chen	chang	cheng	chong				
sh	sha		she	shi		shai	shei	shao	shou	shan	shen	shang	sheng					
r			re	ri				rao	rou	ran	ren	rang	reng	rong				
z	za		ze	zi		zai	zei	zao	zou	zan	zen	zang	zeng	zong				
c	ca		ce	ci		cai		cao	cou	can	cen	cang	ceng	cong				
s	sa		se	si		sai		sao	sou	san	sen	sang	seng	song				
	a	o	e		er	ai	ei	ao	ou	an	en	ang	eng		yi	ya	yao	ye